小学生のための
ソーシャルスキル・トレーニング

スマホ時代に必要な人間関係の技術

渡辺弥生・藤枝静暁・飯田順子 編著
WATANABE YAYOI　FUJIEDA SHIZUAKI　IIDA JUNKO

明治図書

まえがき

　3年前に,『中学生・高校生のためのソーシャルスキル・トレーニング　スマホ時代に必要な人間関係の技術』という本を編集しました。

　思春期や青年期の子どもたちは,発達とともに,未来を展望し,そして過去をふり返る,時間的に俯瞰する力に長けてきます。また親から自立しはじめ,様々な人とかかわるようになり,対人関係が広がります。さらには,自身について内省するようにもなります。

　これは,発達の望ましい面です。ところが,こうして成熟するからこそ,時に自分の気持ちを抑えすぎたり,逆に感情に翻弄されたり,先のことを考えて不安になったり,親の言葉を素直に受け入れられなかったり,とトラブルが増えます。

　特に,スマホ時代の子どもたちのコミュニケーションは,昔よりも複雑になりました。対面コミュニケーションではないSNSによるやりとりは,表情も声も,さらにしぐさも手がかりにできません。テキストから,互いの気持ちを汲む力が必要になっています。

　そこで,前著では,こうした時代に必要なソーシャルスキルを精選し,意欲的に学べる授業案を提案しました。ところが,こうしたソーシャルスキルは,もっと幼い時からその発達に応じて身につけているほど,思春期以降の大きなトラブルを予防できる,すなわち免疫力になることがわかってきました。社会情動的スキルとか,非認知能力とも呼ばれています。

　小学校低学年前後で,こうした力を身につけることができれば,友達や先生と最初からうまくコミュニケーションをとれます。授業などで活用されるペア学習やグループ学習も気後れせずに充実したものになります。これは,後の学力の向上にもつながることが明らかになっています。問題に直面しても適切に解決できるようになります。くよくよしすぎず,キレることもなく,自分をうまく調整していけるでしょう。いろいろな友達と学校生活の中で協力し仲間として受け入れていくことができるのです。

　こうした背景から,小学校という6年間で,のびのびとたくましく生きる力につながるソーシャルスキルを学ぶことを目的として,この本がつくられました。このまま真似して授業していただいてもよいですし,クラスの状況に応じてアレンジしていただいてもかまいません。子どもたちがとっつきやすいものからはじめても,簡単なものからはじめても大丈夫です。要は,わかりやすく説明し（インストラクション）,イメージしやすいモデルを与え（モデリング）,自分でやってみるチャンスをあげ（リハーサル）,適切なアドバイスをし（フィードバック）,クラス内だけでなく,クラス外でも活用できるスキルを身につけることを念頭に置いていただければ,ソーシャルスキル・トレーニングの授業になります。

　この本の刊行にあたり,各章の執筆者には取り組みやすい授業案を提供していただきました。心より感謝いたします。多くの先生方や関係者に,この本を末長く活用していただけますよう,心より願っております。

渡辺弥生・藤枝静暁・飯田順子

もくじ

まえがき

1章 スマホ時代の子どもたちに育てたいソーシャルスキルとは

1 ソーシャルスキルとは？ …… 6
2 現代の小学生に必要なソーシャルスキル …… 8
3 ソーシャルスキルの学び方 …… 10
4 現場のカリキュラムにどのように導入するか …… 12
5 学校と家庭はどのように連携すればよいか …… 14
6 スクールワイドで学校全体に生かすために …… 16

2章 これだけは，徹底したいターゲットスキル

1 自己紹介のスキル
　自分のことを知ってもらおう …… 18
2 話すスキル
　自分の思いを伝えよう …… 24
3 聴くスキル
　相手のことをわかってあげよう …… 30
4 感情を理解するスキル
　相手の気持ちをわかってあげよう …… 36
5 感情に対処するスキル
　キレずにおだやかにいよう …… 42

6 あたたかい言葉をかけるスキル
　相手をほっこりさせてあげよう ……… 48

7 仲間に入るスキル
　友達の遊びに入れてもらおう ……… 54

8 あやまるスキル
　素直にあやまって許してもらおう ……… 60

9 上手に断るスキル
　相手を傷つけずに伝えてみよう ……… 66

10 相手に気持ちを伝えるスキル
　友達とのトラブルを防ごう ……… 72

11 困っている時に助けを求めるスキル
　SOSのサインを出そう ……… 78

12 やさしく頼むスキル
　助け合える関係になろう ……… 84

13 自分を大切にするスキル
　ありのままの自分を受け止めよう ……… 90

14 ネットで相手を傷つけないスキル
　見えない相手を思いやろう ……… 96

15 感謝するスキル
　気持ちを行動で伝えよう ……… 102

16 発表するスキル
　上手に伝えて自信をつけよう ……… 108

17 ストレスに対処するスキル
　受け止め方や対処の仕方を知ろう ……… 114

18 リフレーミングのスキル
　見方を変えてよいところを見つけよう ……… 120

19 立ち止まって考えるスキル
　気持ちをコントロールできるようになろう ……… 126

1章 スマホ時代の子どもたちに育てたいソーシャルスキルとは

1 ソーシャルスキルとは？

友達づくりはプレッシャー？

「一年生になったら」は，1966年に発表された童謡です。作詞者のまど・みちおさんは，1909年生まれの詩人です。昔から，幼稚園や保育所の卒園式で歌い継がれてきた歌です。小学校にはやく行きたいな，たくさん友達ができるといいな，と胸をふくらませてくれるこのなじみのある歌が，実は今の子どもたちにとっては，プレッシャーになるつらい歌になっているとも指摘されるようです。

昔は，近隣の人たちと知り合い，互いに助け合って生きることが前提でした。1つのコミュニティに，郵便局，交番，スーパーマーケットなどが1つずつ存在し，顔見知りの人たちで助け合って生活していました。しかし，都市化し，さらにネット社会になると，近隣という目に見える知り合いの人たちとの関係は薄れ，スマホでつながる不特定多数の人たちと間接的にかかわることが多くなっています。文具屋さんに行ってなじみの店主としゃべりながら鉛筆を購入するのではなく，コンビニや通販で買うことができるようになりました。グローバル化した社会では，隣の人やコミュニティの人とつながらなくても便利に生活できます。

つまり，親しい人がいなくてもそれなりに暮らしていけるシステムがつくられているわけです。同時に，少子化やライフスタイルの多様化のため，幼い時から近くの子ども同士で遊ぶという経験も少なくなってきています。遊びは，何ものにも代えがたい人生の学びの時間でした。思いやる場面，がまんする場面，勇気が求められる場面，など様々な考え方や行動を学べる時間でしたが，こうした時間が減少しています。そのため，子どもたちの友達をつくるチカラが十分に育たないことがあります。結びつかなければならない必要性も弱くなったのか，大人が求める「みんなで仲良く」は子どもにとって抵抗感があるのかもしれません。

幸せに思うこととは

ただし，友達は必要ないということをここで言いたいわけではありません。いくつになっても，楽しい，幸せだと思う時間は，自分がしたいことを実現できている時ですが，それは，他の人たちから認められ，他の人たちとかかわる居場所があってこそ得られる気持ちのように思います。一緒にいて楽しいとか，おだやかな気持ちになれる人と出会うことは幸せです。

また，親密な友達をつくることはかんたんではなくても，社会生活を送るには，やはり，他

人とかかわるチカラは必要です。苦手な人や，親しくない人とも共存し，一緒にいろいろな役割を助け合って分担していかなければなりません。1人ではできないことがたくさんあり，様々なサービスの背景にもいろいろな人の助け合いがあるのです。ですから，誰とでも仲良くなりなさいというメッセージを今の子どもたちに伝える際には，むしろ互いに存在が違い，意見や考え方，感じ方が異なることをまず明確に伝えましょう。その上で他人を傷つけず，一緒に，勉強し協力できるソーシャルスキルを身につけることの必要性を説く方が，子どもたちによけいな負担感を与えずに理解してもらえると考えられます。互いに違うからこそ，努力してかかわり合う。幾度も失敗し合って，傷つけ合わないようにほどよい距離をとることのできるチカラが必要なのです。自分にも他者にも敬意をはらいつつ，自己実現できるような生き方が求められているのです。小学生は大事なことをたくさん学ぶ時期であり，他人との違いの中で，自分と友達が互いに尊重し協力し合うソーシャルスキルの獲得が必要です。

ソーシャルスキルとは？

　まとめてみると，現代社会で求められるソーシャルスキルは，「対人関係を円滑に築き，そして維持するためのスベやコツ」と考えられます。「スベやコツ」というと，要領のよさといった印象を受けるかもしれませんが，決してそうではありません。今までは，「人に迷惑をかけるな」「自分の足で立て」「仲良くしなさい」といった，どちらかといえば抽象的，また精神論として身につけさせようとしていました。それを今の子どもたちが理解しやすいよう，具体的に"見える化"して，スベやコツというフォーム（形）に落とし込んでいるのです。
　子どもたちの生活も多様化し，抽象度が高い教え方のみでは，具体的な考え方や行動の仕方をなかなか伝えることができません。親や地域の人から丁寧に教わる機会も少なくなりました。友達との遊びの中から得られる気づきの体験も少なくなっています。こうした背景から，全ての子どもたちがイメージできるように，どういった考え方をすればよいか，どんなふうに行動すればよいか，そしてさらに教えることが難しいとされていた気持ち（感情）の表現や受け止め方までを含めて，わかりやすく教えていく必要性が高まっているのです。
　こうしたソーシャルスキルを身につけるための教育実践はソーシャルスキル・トレーニングと呼ばれています。例えば，「友達と仲良くしなさい」と言われてもどうすれば仲良くできるのかわかりません。教師が考えているほど，当たり前にできると思うことが子どもたちには当たり前になっていないのです。そして，こうした子どもたちは，「思いやりがない」「怒りっぽい」という，性格が悪いという烙印を押されがちです。子どもたちはその烙印を引きずり，結果として悪い方向に背中が押されることになり，劣等感が強く，自尊心が低くなりがちです。ソーシャルスキル・トレーニングはこうした子どもたちの問題を「性格」のせいにせず，「スキルやコツを学んでいない」と考えます。そして，学んでいないソーシャルスキルを，人とかかわりながら適応的に生活していくために，子どもたちにわかりやすく教える教育実践です。

現代の小学生に必要なソーシャルスキル

どんなソーシャルスキルが必要か？

　スマホでコミュニケーションをとることが当たり前の現代社会で，小学生の子どもたちに必要なソーシャルスキルとはどんなスキルでしょうか。子どもに必要なソーシャルスキルを教えるためには，まずは，小学生という児童期の発達についてよく理解しておく必要があります。すなわち，子どもをまず理解するため，心に寄り添って，子どもの悩みに共感した上で支える，伝える大人の姿勢が，こうしたソーシャルスキルを教えていく前提として求められます。

　もちろん，個人差や性差はありますが，おおよそ小学生の特徴として考えられていることについては，心理学，特に発達心理学の研究で多くのことが明らかになっています。

役割取得能力の発達

　低学年の時期の子どもは，自分の考えや思いを一方的に主張する幼児期の特徴を残しています。ですが，しだいに親しい相手の考えや思いを推測できるようになります。ただし，笑っていればうれしい，と思ってしまうところがあります。外から見える表情からの推測にとどまり，内面に抱える思いを斟酌するのは難しい時期です。中学年になると，笑顔を見せていても，心の中では寂しいと思っているといったような内面に気づくようになります。そして，自分が相手のことを思っているように，相手も自分のことを思ってくれているだろう，といったことも想像できるようになります。高学年になると，自分と気が合う友達ばかりでなく，彼や彼女といったクラスメイトの気持ちなども考えられるようになります。また，本音と建前といった外に出す気持ちが内面の思いとずれることなどにも気がついてきます。

規則についての認識の変化

　周囲の大人の真似をして規則通りふるまおうとします。「『いけない』と言うことは，してはならない」といったように，大人の言うことを守ろうとします。低学年では，特に絶対に守らないとダメ，と思う頑なさがあります。まだ，その状況に直面している他の友達の気持ちや事情を推測したり，文脈を考えたりするということが難しい時期です。ところが友達とかかわる中で，しだいに対人関係に社会的な意味合いを感じるようになり，大人の言う通りにしなければ，という意識から，友達と話し合って合意があればよいのでは，という気持ちになります。

規則は変えることができるかもしれないと9〜10歳頃になると考えるようになるのです。道徳的判断も，例えば，お皿をたくさん割った方が，少し割った方よりも悪いといった結果だけで判断しがちであったのが，わざとやった方が，知らずにしてしまった方より悪いといった意図や動機で判断するようになります。ものを分け合う場面でも，同じ数だけ分ければよいという結果の平等性からだけでなく，がんばった人にそれ相応の報酬があってもいいかも，という相対的な公平に考えが及ぶようになります。高学年になると，それぞれの立場や必要性についても相談し合って，公平とは何かを深く考えられるようになります。

考える力の発達

中学年くらいまでは，物事を見た目で直感的に判断していたのが，しだいに見かけの量や数は，新たに加えたり取り去ったりしない限り変わらないといった，ものの"保存"という概念を理解できるようになります。高学年になってくると，さらに論理的な考えがもてるようになり，具体的なことを記号で置き換えたり目に見えないものを想像して抽象的なものやことを理解できたりするようになります。仮説をもてるようになり，独創的なアイデアをもつことにワクワクすることができるようになります。自分について俯瞰的に分析し，何がわかっていて何がまだわかっていないのか，というメタ認知のチカラも獲得するようになります。「私はテストで焦っていつも間違う」と自分の行動や考えをモニタリングできるようになるわけです。その上で，どうしたら間違わなくなるか分析し，その分析結果から，「問題は2回読むようにしよう」といった自分でコントロールできる解決方法を考え実行できるようになります。

感情の発達

他の発達と比較して，個人差が大きいですが，うれしい，悲しいといった感情を表現するボキャブラリーは年齢とともに増えていきます。10歳前後になると，単純にうれしい，楽しいといったポジティブな感情だけではなく，うれしいだけでなく不安もある，というネガティブな感情も同時に感じるなど「入り混じった気持ち」をもっていることに自身で気づくようになります。低学年では，起きた結果に対して，「怒った」といった感情をただ表現する傾向が強いですが，しだいにどうしてそうなったのか，なぜそうしようと思ったのか，という動機や原因について考えて，そのプロセスを全体からながめるような感じを表現できるようにもなります。気持ちの強さや弱さなどの程度は，低学年から区別できますが，高学年にかけて見かけの気持ちと心の底にある気持ちが違うなどの理解ができるようになります。

こうした児童期の発達の特徴をおおよそアウトラインとして理解した上で，各学年の目標とするスキルの程度やねらいを設定することが望まれます。その時期に必要な身の丈に合ったソーシャルスキルを学ぶことが，その時期の生活への適応に求められます。

3 ソーシャルスキルの学び方

クラスやスクールワイドで学ぶ

　小学校の段階では，特定の場面でどういう行動をとるのが望ましいのか，子どもたちがまだ学んでいないということが多くあります（スキルの不足）。そのために，仲間に入りたい時に，「入れて」と言うのではなく，相手のものをとって注意を引いたり，友達の遊びをじゃましてしまったりといったことが起こります。そういう行動をとると大人から注意を受けることになりますが，本来の仲間に入りたいという欲求は満たされていないのでまた繰り返します。集団生活で必要なソーシャルスキルのコツをあらかじめ子どもたちに教えておくことで，問題発生の予防になりますし，子どもたちが生涯使えるスキルを身につけることにもなります。

　全ての子どもが一律に同じことを学ぶ上で，学級を対象としたスキル教育（クラスルームワイド），学校全体で取り組むスキル教育（スクールワイド）が効果的です。これらのスキル教育は，この後の授業案で示されているように，以下の4ステップから構成されています。

　【ステップ1：インストラクション（スキルの提示）】これから学習するスキルがどんな場面で役に立つのか，その不足がどんな問題を引き起こすのかを説明して，学習に対する動機づけをします。

　【ステップ2：モデリング】これから学習するスキルのやり方を，先生が具体的にやってみせて，その行動に含まれる，細かい行動や実行の仕方を示します。

　【ステップ3：リハーサル】ロールプレイ，グループディスカッション，ワークシートなどを活用し，子どもにスキルを繰り返し練習する場を提供します。

　【ステップ4：フィードバック】子どもが実行した行動に対して，うまく実行できた場合にはほめ，そうでない場合には具体的なアドバイスをします。ほめることは，学んだ行動を使ってみようという子どもの意欲を高めます。

　この他に，ソーシャルスキルを教える上では，「般化」「維持」というステップが重要です。般化とはトレーニング中に学習したスキルがトレーニング場面以外でも活用されているかということです。般化を促す具体的な方法には，学習したスキルを日常場面で活用するような宿題を出す（ホームワーク），様々な日常場面の例を出して積極的にスキルを実行するよう説得する（チャレンジ）などがあります。維持とは学習されたスキルが一定の期間をあけても継続されているかということです。維持を促す具体的な方法には，学習したスキルを学級で定期的に

復習する，学習したスキルをポスターで掲示しておくなどがあります。

スモールグループで学ぶ

　クラスやスクールワイドでソーシャルスキルを学習した後，すぐにコツをつかんで実践できる子もいれば，なかなか定着しない子もいます。後者の子どもには，小集団で学習する機会（スモールグループでの学習）を提供することも有効です。例えば，クラスルームワイドで，「悪いことをしたらあやまる」というスキルを学習したとします。ある子は，ハイテンションで周りが見えていないので自分が悪いことをしたということに気がついていない場合があります（場面の理解の不足）。またある子は，悪いことをしたと思っていても，「きっかけをつくった相手の方が悪い」という考えを強くもっていることがあります（認知：見方・捉え方の問題）。またある子は，「ごめんね」を言うタイミングがうまくつかめないでもじもじしているかもしれません（スキルの不足，自信の問題）。あるソーシャルスキルを学ぶと，いろいろな場面でそのスキルを自主的に応用できる子もいれば，1つ1つ場面を確認しながら，練習を繰り返し積み上げていく必要がある子もいます。後者の子どもの場合，自然にスキルが定着しづらい原因がいろいろ考えられます。そのような時には，小集団で1人1人の様子を見ながら，その子どもの課題となっていることを把握し，それに応じた個別のサポートを行います。1人1人にスキルの実行を促すように働きかけることを，プロンプトといいます。「今だよ」「やってごらん」という声かけがそれにあたります。

生活場面の中でモデリングを通して学ぶ

　この他に，生活場面の中でソーシャルスキルを教えていくことも大切です。子どもが行動を獲得する上で最も影響力が大きいのは，モデリング（模倣）です。子どもは，周りの人の行動を観察して，この行動はこの場面でよさそうだということを学び，真似していきます。そのため，ソーシャルスキルを学習するためには，よい見本にたくさんふれることが重要です。先生や保護者の日頃の行動を，子どもはモデリングの対象として取り込んでいきますので，わかりやすく日常の中でスキルを教える時には，言葉と言葉以外の非言語のポイントをやって見せることが有効です。一方，モデリングの効果に関する研究では，モデルは子どもが身近に感じる存在の方が効果的といわれています。つまり，大人がよいモデルを示すことは重要ですが，「大人だからね」「自分とは違う」と思われやすく，モデリングの効果は薄まります。そこで，モデルとして，周りの子ども（上級生や同級生）を積極的に活用することも考えられます。日本の学校では，縦割り班（異年齢の交流）がよく行われています。その時に，上級生の行動に目を向け，「こういうことができるようになるとよいね」「こういう行動をとるためにはどうすればよいか考えてみよう」といった言葉かけをすることで，生活場面の中で周りのよいモデルに注目して，子どもたちがよいモデルを取り込んでいけるようかかわることも効果的です。

4 現場のカリキュラムにどのように導入するか

学校不適応の予防策として実施する

　小学校などの学校現場では，いじめ防止対策推進法（2013年6月21日成立，9月28日施行）に基づき，各学校が独自にいじめ防止基本方針を策定し，いじめのない学校づくりに向けた指導の充実が求められています。つまり，子どもが学校で安心して過ごすことができるような仲間集団づくりが，いっそう求められているのです。

　不登校もまた，学校現場における長年の課題です。不登校になる理由の1つはコミュニケーション力の未熟さと考えられます。少子化や電子ゲームの普及により，ルールのある集団遊びよりもひとり遊びが増えています。その結果，仲間とのかかわりや遊びを通して，コミュニケーション力を自然と身につけることは難しくなっているのです。

　こうした背景から，今日では，子どものコミュニケーション力の獲得や仲間づくりを促す目的でソーシャルスキル・トレーニングを導入する学校が増えています。ソーシャルスキル・トレーニングの効果を高めるためには，時間があいた時や教師が思いついた時に偶発的に実施するのではなく，月に1回または各学期に2回ずつなど計画的に実施する必要があります。

　問題が起きやすいといわれている時期に合わせて，ソーシャルスキル・トレーニングを重点的に実施することは予防として効果的です。小学校のいじめや人間関係のトラブルの認知のピークは4月と11月です。不登校児童生徒の発生のピークは進級時期と夏休み明けの9・10月です。したがって，1学期開始直後と2学期開始直後に集中的に行うことが有効な予防になると考えられます。

豊かな学級づくり，人間関係づくりの目的で学期のはじめに実施する

　新学期，子どもはワクワクしたポジティブな気持ちと緊張や不安からくるドキドキした気持ちの両方を抱えて過ごしています。子どもは「新しいお友達をつくりたい」「気が合うお友達をはやく見つけたい」と願っていますが，全員がうまくできるわけではありません。

　ソーシャルスキルが未熟な子は，仲良くしたいという気持ちに行動が伴わず，1人だけ浮いてしまうことがあります。例えば，相手の状況にかまわず話しかけたり，遊びに誘ったりしてしまい，結果として，「自分勝手な人」「空気が読めない人」のように思われて，友達との間に距離が生まれてしまいます。子どもが自分の思いを実現するためには，ソーシャルスキルを身

につける必要があります。そこで、学期のはじめには、人間関係づくりに効き目がある「あいさつスキル」「ありがとうスキル」「自己紹介スキル」「話す・聴くスキル」「仲間の誘い方スキル」「仲間の輪への入り方スキル」などをターゲットスキルとして取り上げることをおすすめします。仲間と一緒にモデリングを見たり、ペアでソーシャルスキルを演じたりといった共同作業を行います。共同作業を通じて、新しい友達ができたり、相手のよいところを発見し、ますます仲良くなったりします。

実施時間を確保するためには

学校現場で実施するためには年間カリキュラムにそのための時間を確保しておく必要があります。小学校で実施する際には「特別の教科　道徳」と「特別活動」の時間枠が最適です。小学校では2018年度から「特別の教科　道徳」が開始されました。注目すべきことは、新学習指導要領で、道徳科の特質を生かした指導を行う際の指導方法の工夫例として、問題解決的な学習、道徳的行為に関する体験的な学習などが示されたことです。つまり「特別の教科　道徳」の中でソーシャルスキル・トレーニングのような体験的な学習が推奨されているのです。特別活動の学習指導要領解説においても「よりよい人間関係の形成の指導として、社会的スキルを身に付けるための活動を効果的に取り入れることも考えられる」と記述され、実施が推奨されています。その他、国語、体育、保健の中でソーシャルスキル・トレーニングを実施することもできます。国語では「話すこと・聞くこと」に対応して「話す・聴くスキル」、体育ではゲーム・試合中に起こるトラブルに対して「課題解決スキル」「仲間の考えを聴き、認めるスキル」、難しい課題・技能に挑戦しようとしている仲間を応援する際には「あたたかい言葉かけスキル（応援スキル）」、保健の心の健康教育として「葛藤解決スキル」「感情コントロールスキル」を学ぶことができます。

毎日の生活の中でソーシャルスキルを学ぶ、使う

しかしながら、現実には学校は忙しく、実施時間を確保することはかんたんではありません。そのような時は、教師が学校生活の中で、子どもにソーシャルスキルを学ばせ、練習させるように意識して指導します。例えば、朝のあいさつ指導にソーシャルスキルの視点を取り入れてみます。相手を見ないで、眠そうな顔で、聞こえないくらいの声であいさつする子どもに対して、「しっかりあいさつしましょう」「あいさつはきちんとしましょう」と曖昧な指導をするかわりに、「あいさつスキル」を教えるのです。「あいさつスキル」とは、「相手を見て、笑顔で、聞こえる声の大きさで『おはよう』と言う」ことです。すでに「あいさつスキル」ができている子どもには、「あいさつする時の笑顔がとってもよいね。先生も元気が出てきたよ」と具体的にほめてあげましょう。このように、生活指導場面にソーシャルスキルの視点を取り入れると、あたたかい人間関係のある学級づくりが可能となります。

5 学校と家庭はどのように連携すればよいか

学校と家庭が連携したソーシャルスキル・トレーニングの実施手順

　ソーシャルスキル・トレーニングの目的は，言葉通り子どもがソーシャルスキルを身につけることですが，その先には，子どもが日常生活の中でソーシャルスキルを積極的に使って，豊かな仲間関係を築いていくという最終目標があります。子どもの生活場面は主に学校と家庭ですので，子どもが学校でも家庭でもソーシャルスキルを繰り返し使ってみることが，最終目標へ到達する確実な道のりなのです。そのためには，学校と家庭の連携が必要です。連携を成功させるためには，保護者に丁寧に説明し，納得してもらい，同意を得ることが肝要です。

　その実施手順を示します。

①ソーシャルスキルという言葉を家庭に伝える

　ソーシャルスキルという言葉を耳にしたことがある保護者は少数です。そこで，まず，学校（または学級）だよりを利用して，子どもたちが友達や先生とうまくかかわっていくための社会性のことなどがソーシャルスキルと表現されていることを知らせ，「ソーシャルスキルとは人づきあいのコツです」と保護者に伝えます。

②子どもたちが学校でソーシャルスキルを学んでいることを伝える

　ソーシャルスキルという言葉を紹介しただけでは，保護者の記憶や心には残りません。そこで，「お友達ともっと仲良くなるために，今，子どもたちは学校でソーシャルスキルを学習しています」と伝えます。すると，保護者のソーシャルスキルへの関心はグッと高まります。

③ソーシャルスキルの中身を伝える

　ソーシャルスキルとは人づきあいのコツなのですが，そのコツの中身＝具体的な行動を保護者に伝える必要があります。例えば，「話すスキル」「聞くスキル」の中身は図1の通りです。このポスターを家庭に配付しています。保護者はこのポスターを見ると，「話すスキル」「聞くスキル」の中身

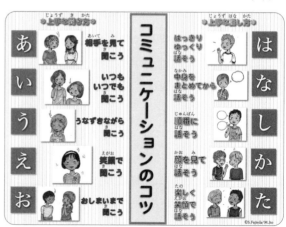

図1

を理解するとともに，子どもにとって「必要なこと」「生活する上で大切なこと」であると気づきます。

④保護者に協力を依頼する

　保護者に依頼する内容は2点あります。

・保護者がモデルとなる

　保護者が図1を実行すれば，その姿が子どものモデルとなります。学校と家庭の両場面で，子どもは「話すスキル」「聞くスキル」を見て学ぶことができます。

・保護者が子どものソーシャルスキルをほめる

　子どもがソーシャルスキルを家庭で実行したとします。保護者がそれに気づかず，反応しなければ，子どもは落胆し，やる気を失います。それを防ぐために，保護者が子どものソーシャルスキルの実行に気づき，ほめ，やる気を高めることが重要なのです。

⑤家の中にポスターを貼ってもらう

　ポスターはＡ4サイズでカラー印刷し，全家庭に配付するとよいでしょう。その上で，「家族全員が見える場所にポスターを貼ってください」と依頼してみます。家族がソーシャルスキルを忘れないようにするためです。これまで実施されたご家庭に聞いたところでは，掲示場所として最も多かったのがトイレ，次が冷蔵庫でした。

連携の効果

　こうした家庭での取り組みが特に必要となるのは，夏休みや冬休みといった長期休暇です。1学期にソーシャルスキルの学習を一生懸命しても，夏休み中には何もしないことが多いようです。その結果，夏休み明けの9月の時点では7月よりも子どものソーシャルスキルが低下してしまうことがよくあります。そのため，夏休みに家庭で行ってみると，子どものソーシャルスキルの得点は，夏休み前よりも夏休み明けの9月時点の方が上昇することが知られています。

　こうした取り組みをすると，子どものソーシャルスキルが向上することに加えて，予想外の成果が生まれることもあります。それは，保護者から，「この夏はいつもよりも家族の会話が増えました」「笑顔で話すことが多かったです」といった感想が寄せられることです。家庭でのソーシャルスキル・トレーニングが家族関係を円滑にするきっかけとなるのです。

　学校と家庭が連携して行うことの意義は，❶子どもがソーシャルスキルを身につける，❷保護者もまたソーシャルスキルの必要性を理解し，意識して実行するようになる，そして，❸学校や家庭での人間関係がよくなるの3点です。

スクールワイドで学校全体に生かすために

スクールワイドでの取り組みのポイント①　ターゲットスキルの選択

　学校全体でソーシャルスキル教育に取り組むためには，何をターゲットスキルとするかを決める必要があります。1つの鉄則として，「子どもや子どもの援助者が最も困っていることの中で，最も取り組みやすいもの（効果が出やすいもの）を選ぶ」ということがあります。最も困っていることを選ぶ理由は，お互いにとって取り組む動機づけが高くなるからです。最も取り組みやすいものを選ぶ理由は，ソーシャルスキル・トレーニングを行うにはそれ相応の労力がかかるため，効果がなかなか現れないと続かないということがあります。そこで，学校全体で取り組む時には，当事者が何に困っているか，何を学びたいと思っているかの声（子どもの声，教員の声，保護者の声）を生かして，ターゲットスキルを選択することが重要です。子どもや学校が必要とするソーシャルスキルを把握するためには，本書で紹介されているようなスキルがどの程度できているかを問うアンケートを事前に実施することや，どのようなスキルを学びたいか子どもや保護者に尋ねることも有効です。

スクールワイドでの取り組みのポイント②　学校全体で大事なスキルを共有しておく

　ターゲットスキルを選択したら，学校全体で共有します。今，小学校では，学級崩壊や，先生に対する暴力行為，仲間同士の暴力行為が増えています。このような背景の1つに，学校の各場面で求められる望ましい行動（スキル）が共有されていないことがあります。学級崩壊が多発している学校を見に行った際，子どもたちが，廊下を猛スピードで走っていました。危ないと思ったので，「廊下を走らないように言われてるよね？」と何人かの子に聞くと，「いや，知らない」という答えが返ってきました。廊下を走らないようにということを過去に一度も言われたことがないということはないと思いますが，望ましい行動（スキル）が明示されていないと，子どもたちは目先のことを優先させてしまう（例えば，はやく移動したい）ことがあります。この状況では，ルールとそこで求められている行動（スキル）が子どもたちに伝わっていないといえます。ルールはみんなで守るきまりごとで，「～すべき」というモラルに関することですが，スキルは，ルールというよりはむしろ，その場面に応用できる，まとまった適応的な行動のことをさします。そしてソーシャルスキルというのは，他の人とうまくやっていくために必要なスベやコツといったもので，行動とはいっても時に考え方などの言葉の用い方な

ども含まれます。ここでは，1つ1つのターゲットとなるスキルの必要性を伝え，イメージを与え，子どもたちの望ましい行動を引き出す支援が有効です。

「思いやりのある子」「けじめのある子」といった学校目標が学校では掲示されていますが，それをより具体的な行動（スキル）に変換し，子どもに伝えることが重要です。教室での思いやりのある行動は，「友達が話している時に体を話している人の方へ向けて話を聞くことだよ」，廊下での思いやりのある行動は，「（人にぶつかってけがをさせないように）ゆっくり歩くことだよ」，校庭での思いやりのある行動は，「遊具を順番に使うことだよ」というように望ましい行動をあらかじめ決めておきます。それをプリントで配付したり，廊下に掲示したりして意識づけをします。またそれができている時には，ほめたりポイントを与えたりするなど一貫して強化します。そうすることでその行動が増え，定着していきます。ソーシャルスキルは授業で教えるだけではなかなか定着しません。授業で取り組むと同時に学校経営の一部として学習しているスキルを学校目標に取り入れ，授業外でも意識して取り組むことが重要です。

スクールワイドでの取り組みのポイント③　3段階の取り組み

　スクールワイドで取り組む時，全体を対象とした取り組み（1次的援助），一部の気になる子どもを対象とした取り組み（2次的援助），個別の集中的な取り組み（3次的援助）に分けて取り組むことができます（図2）。「自己紹介のスキル」「話すスキル」「聴くスキル」といったソーシャルスキルのポイントを学級などの集団で学ぶことで，望ましいスキルを学級全体で共有することができます。それによって，クラスの中で互いに練習し合うこともできます。一方で，もともと人とかかわることが苦手であったり，人といるだけで緊張してしまったりするような子どもの場合は，ソーシャルスキルのポイントを学級で学ぶだけではスキルを実行することは困難です。一部の気になる子を集めて小集団で復習したり，緊張をほぐすようなエクササイズを実施したりするなど，プラスのサポートを行うことが有効です。さらに，発達障害の特性を有している子ども（例えば，気持ちのコントロールが苦手，会話のキャッチボールが苦手，人が話していることの背後にある意味を読み取るのが苦手）や，不登校状態にあり自分に対する自信が低下している状態の子どもなど特定の子どもには，その子の特性や課題に応じたソーシャルスキルの教え方の工夫が必要です。特別支援教育担当の先生やスクールカウンセラーと連携しながら，子どもに応じたスキル学習の機会を提供できるとよいでしょう。

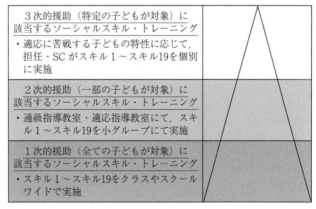

図2

2章 これだけは、徹底したいターゲットスキル

スキル1 自己紹介のスキル
自分のことを知ってもらおう

このスキルのテーマ〜主題設定の理由〜

クラスが変わった時，はじめての人と出会った時など，対人関係を新たにスタートしていくためには自分のことを知ってもらう必要があります。相手のことを知るためにも，まずは自分のことを知ってもらうことが必要です。自分のことを知ってもらうことで，相手も安心し，相手も自分のことを伝えてくれるようになり，その後の関係が維持されていくからです。自分のことを知ってもらうためには，自分のことを考え，自分の好きなことや特徴を捉えることが大切でしょう。

小林・相川（1999）の中でも，小学生を対象としたソーシャルスキル教育での，12の基本ソーシャルスキルの中の1つとして「自己紹介のスキル」が提案されています。また，これまでの小学生向けのソーシャルスキル教育の指導案などでも取り上げられています（小林・相川，1999：佐藤・相川，2005：相川・猪狩，2011：荒木，2011：渡辺・小林，2013　など）。ですから「自己紹介のスキル」は，自分のことを知ること，自分のことを相手に伝えること，伝えることで関係を維持し，その後の対人関係を良好にしていくために大切なスキルとなります。

インストラクションの板書例

```
自己紹介のスキル               【授業のルール】
                              ・じゃましない
【話すこと】  【自己紹介のポイント】 ・はずかしがらない
①自分の名前  ①相手の方を見て    ・ひやかさない
②自分の特徴  ②相手に聞こえる声で ・積極的に参加する
 （3つ選ぶ） ③笑顔で           ・グループでの話し合いを
③「よろしくお願い                 大切にする
  します」と言う
                              自己紹介のモデリングを見て，
                              よいところ，こうするとよいと
                              ころ
```

（吹き出し左）授業中，そのまま残しておく，消さない板書

（吹き出し右）子どもの意見を書いたり，写真を貼ったりする板書

ねらい

　自分のことを知ること，相手に知ってもらうために自分のことを伝えることなど，良好な人間関係をスタートしていくための自己紹介のスキルを身につけていきます。自分のことについて伝える時に「相手の方を見て話す」「相手に聞こえる声で話す」「表情は笑顔」にして伝えることを大切にしていきます。また，自己紹介で話す内容は，自分の名前と自分の特徴を3つ選ぶことを具体的に伝えていきます。

本スキルの取り扱いポイント

(1) 本スキルの取り扱い

　第1の着眼点は，「自己紹介」することの意義について考えてもらうことです。「なぜ自己紹介をするのでしょうか？」という発問に対し，子どもは"相手が自分のことを知らないから""自分のことを知ってもらいたいから"などと答えることが予想されます。「自己紹介」することが，相手と関係をスタートしていく大切なきっかけになること，自分のことを伝えることで相手も安心し，その後のよい関係につながっていくことを教師の体験談などで語っていきましょう。

　第2の着眼点は，「自己紹介」のスキルについて，モデルを通して理解を深めることです。2種類のモデリングを見せ，よいところ，もっとこうした方がよいところについて意見を出してもらいます。ロールプレイを通して，スキルのポイントに気づいていけるようにはっきりとわかりやすく違いを見せていき，子どもの感想を共有しましょう。

(2) この時間での工夫

　自己紹介のメリットを知り，自分の特徴を紹介できるように，自己紹介のリハーサルをする前にワークシートを書かせておくとよいです。自分の好きなこと，得意なこと，今がんばっていることなど，自分をふり返る作業を通して，自己理解を深めていくことができます。十分に時間をとり，話す内容を考えられるようにします。

評価の観点と事後指導

【評価の観点】　自己紹介のポイントを理解し，そのポイントに基づいて，自己紹介の練習をすることができたか。
【事後指導】　チャレンジシートを使い，自己紹介のスキルのポイントを使って練習する機会をつくる。

指導案

	学習活動・主な発問と予想される子どもの発言	指導上の留意点
導入	1　ソーシャルスキルの考え方について説明をする。 ■「ソーシャルスキルを使うと，仲のよい関係がつくれますし，その関係を続けていくことができます。つまり，相手も自分も気持ちのよい人間関係をつくり，続けていくことができます」 2　授業のルールの確認を行う。	○具体例を示して，わかりやすく説明する。 ○具体的な技術やコツがあり，練習すれば身につくこと，そのために練習が大事であることを確認する。 ○授業のルールを確認する。
展開	【インストラクション】＆【モノローグ】 ■「自己紹介すること」の意義について説明する。 　「今日は，上手な自己紹介の練習をします。自己紹介は相手と仲良くなるためのきっかけになります。自分のことを相手によくわかってもらうためには，まず自分のことを知っておく必要があります」 ■自己紹介の内容を考えるために，ワークシートを使う。 　「自分のどんなことを紹介するか，ワークシートを使って考えてみます。自分の好きなこと，得意なこと，今がんばっていること，などを書きましょう。その中で，特に相手に伝えたいことを3つ選んでみましょう」 ■教師もワークシートに取り組み，モデリングの時に活用する。 ■「自己紹介のスキル」のポイントを板書する。 　〈ポイント〉 　○話す内容　　　　　　　　○話し方のコツ 　①自分の名前　　　　　　　①相手の方を見て 　②自分の特徴（3つ選ぶ）　②相手に聞こえる声 　③「よろしくお願いします」と言う　③笑顔で 【モデリング】 ■「これから自己紹介の場面をやってみせます。2つの場面を見て，よかった点・もっとこうするとよい点を探してください。よく見ていてください」 　悪い例：みんなと視線を合わせず，小さい声で，暗い表情での自己紹介 　よい例：みんなと視線を合わせ，ハキハキしたみんなに聞こえる声で，表情豊かな自己紹介 ■「モデルを見て，どんなふうに感じましたか？」 ■「どうすると，上手な自己紹介になるでしょうか？」 【リハーサル】＆【仲間からのフィードバック】 ■グループで自己紹介の練習をしてみる。 　聞いている人は，「上手な自己紹介の方法」を参考にして，友達のよかった点・もっとこうするとよい点をメモして，話し合う。	○自己紹介することのメリットを話す。 ○「先生は〜と感じた」など教師自身の実体験に基づいたエピソードを使って伝える。 ○ワークシートを配付する。 ○考える時間，記入する時間を十分にとる。 ○自分の特徴を思い出し，考えつくようヒントを言ってもよい。 ○2つの例の違いがわかるように，はっきりとわかりやすくポイントを示す。 ○どんなところがよかったか，気づきを促す。 ○気づきを基に，自己紹介のスキルのポイントを押さえる。 ○できる限りワークシートを見ないで行うように促す。
終末	【教師からのフィードバック】 ■自己紹介をすることで，自分を知ることができるとともに，相手に伝えることで，よい人間関係にもつながることを確認する。 【チャレンジ】 ■日常生活の中で話したことがない友達と話したい時に学んだことをやってみるよう促す。	○自己紹介のよさを話し，自己紹介の大切さを再認識するようにする。

ワークシート

氏名（　　　　　　　　　　　　）

自己紹介のスキル

1 「自己紹介のスキル」のポイント

【自己紹介で話すこと】	【自己紹介の仕方】
①自分の名前を言おう ②自分のことを3つ選んで言おう 　・好きなこと　・よいところ 　・得意なこと 　・今がんばっていること　　　　など ③「よろしくお願いします」と言おう	①相手の方を見て話そう ②相手に聞こえる声で話そう ③笑顔で話そう

2 自分のことについて考えてみましょう。

わたし（ぼく）の名前は，　　　　　　　　　　　　　　　　　　　　　　　　　　　です

わたし（ぼく）の好きなことは，　　　　　　　　　　　　　　　　　　　　　　　　です

わたし（ぼく）のよいところは，　　　　　　　　　　　　　　　　　　　　　　　　です

わたし（ぼく）の得意なことは，　　　　　　　　　　　　　　　　　　　　　　　　です

わたし（ぼく）の今がんばっていることは，　　　　　　　　　　　　　　　　　　　です

3 他の友達の自己紹介のよかったところ・こうするともっとよいところを書いてください。

名　前	よかったところ・こうするともっとよいところ

ふり返りシート

氏名（　　　　　　　　　　　）

1　今回の授業でとりあげたスキルは「自己紹介のスキル」でした。
　　今日の授業をふり返ってみましょう。

	もう少し				できた
①授業のルールを守ることができた	1	2	3	4	5
②今回の授業の内容について理解できた	1	2	3	4	5
③今回の授業にがんばって参加することができた	1	2	3	4	5
④学んだスキルを積極的に使ってみようと思う	1	2	3	4	5

2　なぜ「自己紹介のスキル」は大切なのだと思いますか。
　　あなたの考えを書いてください。

3　今回の授業を通して学んだこと，思ったことなどを自由に書いてください。

練習で君もスキル名人！

氏名（　　　　　　　　　　　　　）

チャレンジシート

1　学んだスキルを生活の中で練習してみましょう。練習した相手に，「よかったところ」や「こうするともっとよくなるところ」のアドバイスをもらいましょう。

【「自己紹介のスキル」のポイント】

【自己紹介で話すこと】	【自己紹介の仕方】
①自分の名前を言おう ②自分のことを３つ選んで言おう ・好きなこと　・よいところ ・得意なこと ・今がんばっていること　　など ③「よろしくお願いします」と言おう	①相手の方を見て話そう ②相手に聞こえる声で話そう ③笑顔で話そう

練習した相手の名前	もう少し　→　できた				
	1	2	3	4	5
	1	2	3	4	5
	1	2	3	4	5

自分なりにがんばったところ	相手からアドバイスをもらったところ

2　「自己紹介のスキル」を練習して，気づいたことや感じたことを書きましょう。

2章　これだけは，徹底したいターゲットスキル

話すスキル

自分の思いを伝えよう

このスキルのテーマ〜主題設定の理由〜

　日常生活においては，気心の知れた友人とコミュニケーションをとれている子どもの中にも，授業をはじめとする様々な教育活動において，あらためて他の子どもの前で自分のことを話すということについては，はずかしさや緊張感が先立ち，抵抗感を覚えることが少なくありません。また，低学年段階では，日頃から，言語活動の一環として「上手な話し方」の話型を提示するなど指導をする機会を多く設けているものの，「般化」「維持」の段階まで身についていないという現状もあります。子どもは，話型に基づいて話すことは意識しても，「わかりやすく話す」ことは自分にとってどういう意味や意義があるのかということの実感には至っていないのではないでしょうか。話すスキルを身につけさせるためにはそのスキルが自分にもたらすものを実感させることをねらいとするとよいでしょう。本時では，国語の授業とは異なり，話すスキルの獲得により「自分をもっとわかってもらうよさ」の実感に視点を置き，「般化」「維持」を子ども自らがしていこうとする心情を高めることを大切にしたいと考えています。

インストラクションの板書例

```
話すスキル                              【授業のルール】
自分の思いを伝えよう                    ・じゃましない
【わかりやすい話し方のポイント】        ・はずかしがらない
・その場に合った声の大きさで            ・ひやかさない
・顔を上げて，相手を見て                ・積極的に参加する
・口をはっきりあけて                    ・グループでの話し合いを
・一番伝えたいことを相手にわかるように    大切にする
・笑顔で（必要なら，身ぶり手ぶりを入れて）
〈自分をわかってもらう話題例〉
・しゅみ       ・とくぎ
・マイブーム   ・マイグルメ
・お休みの日によくすること
```

| 授業中，そのまま残しておく，消さない板書 | 提示することでルールの徹底を図るための板書 |

ねらい

　教師から高評価を得ることが「上手な話し方」をする動機にならないようにしたいものです。そのためには,「わかりやすい話し方」が,自分をより知ってもらうために必要なスキルであることを実感させることが重要です。自分をより知ってもらうための話題例に基づいて,わかりやすい話し方のポイントを踏まえて話した時,他の子どもの反応から,自分に関心をもってもらうことや自分をもっと知ってもらう心地よさを実感し,今後も話題を考え,「わかりやすい話し方」をしていこうとするモチベーションを高めていけるよう展開していきます。

本スキルの取り扱いポイント

(1) 本スキルの取り扱い

　第1の着眼点は,導入とインストラクションの場面で,教師が今まで子どもが知らなかった部分を自己開示することで,あらためて相手を知ることへの関心を喚起し,より理解を深めるということを子どもに体験させます。このことが本時の活動への意識を喚起します。

　第2の着眼点は,第1の着眼点を踏まえて,モデリングの場面で,子どもに教師の2つの話し方から,同じ内容でもわかりやすい話し方のポイントに気づかせます。

　第3の着眼点は,リハーサルの場面で,子どもの自己開示に有効な話題を意識させ,ポイントを押さえた話し方により,他の子どもがどのような関心や反応を見せるかということを捉えさせ,わかりやすく話してよかった経験を子どもができるよう配慮します。

(2) この時間での工夫

　教師は,子どもがこれまで以上に教師を理解したと実感できるような自己開示につながる内容をクイズにします。また,子どもがサイコロを振って自分のことを伝える時の内容は,事前に子どもに伝え,できるだけ今までクラスのみんなに言ってこなかったことを伝えられるよう準備をさせます。その際,教師が提示した話す内容は,自分をより知ってもらいやすい話題であることにも気づくような配慮が必要です。サイコロの他に,すごろく形式で行う方法もあります。

評価の観点と事後指導

【評価の観点】　わかりやすい話し方のポイントを踏まえて自分のことを他の子どもに伝えようとしたか。

【事後指導】　わかりやすく伝えることが,自分をもっとよく知ってもらうことにつながることを認識させる。スキルを使ったことで,仲間に自分をわかってもらえる心地よさを味わわせ,スキルの実行を促進させる。

指導案

	学習活動・主な発問と予想される子どもの発言	指導上の留意点
導入	1　授業のルールの確認を行う。 2　先生について知ろうクイズをする。（趣味，特技，好物，休みの日の過ごし方などについて，それぞれ発達段階に応じて3～5択のクイズを作成し，担任はどれにあてはまるか聞く） ■「次の中で，私はどれにあてはまるでしょうか。手をあげてください」	○授業の基本を確認する。 ○子どもが担任の意外な面を知ることができるようなクイズを出題する。 ○担任の自己開示に対する子どもの質問や反応に，必要以上に時間をかけないようにする。
展開	【インストラクション】 ■導入で得た，自分から話さなければ，他人にはわからないことがあるという実感を踏まえ，自分のことをもっと知ってもらうために，上手に自分のことを相手に伝えるにはどのような方法があるのかを勉強する，という目的を知らせる。 ■わかりやすい話し方のポイントを確認する。 ・その場に合った声の大きさで。 ・顔を上げて，相手を見て。 ・口をはっきりあけて。 ・一番伝えたいことを相手にわかるように。 ・笑顔で。（必要なら，身ぶり手ぶりを入れて） ■話のタネとしては，趣味等があることを伝える。 【モデリング】 担任が下の2つの態度で自己紹介をしてみせる。 ・下を向いてぼそぼそと元気なく。 ・相手の目を見て，笑顔で元気に。 ■担任の2つの自己紹介を比較して，よいところを理由をあげて発言させる。 ■「サイコロトーク」の注意点とやり方の説明をする。 　サイコロの6面に，趣味，特技，好物，休みの日の過ごし方などが書かれており，サイコロが示した内容を相手に伝える。 ・グループで順番を決める。 【リハーサル】&【仲間からのフィードバック】 ■グループ単位で，順番にサイコロを振り，サイコロが示す内容を相手に伝える活動を行う。 ■1人のトークが終わったら，よかったところ・新しく発見したところを伝える。 ■グループで，よい話し方について感想を述べ合う。	○相手に自分のことをもっと知ってほしいという心情を高めるとともに，相手に自分のことを知らせるためには，自分のことを落ちついてふり返り，伝えたいことをはっきりさせる必要があることに気づかせたい。 ○ポイントを示して確認する。 ○獲得させたいスキルを明確に示しながら，モデリングを行う。（聞こえる声，聞き取れる内容，相手への視線，表情，必要な身ぶり手ぶり） ○相手の話の聞き方についても，ここで確認しておく。特にしてはいけないルールは徹底する。 ○サイコロに書く内容については，事前に子どもに伝え，今まであまり人に話してこなかった内容を準備させる。 ○グループでお互いにやらせてみる。 ○グループの様子を確認しながら，必要に応じてアドバイスをする。 ○一通り終わったところで，いくつかの班に全体の前で行わせ，担任がアドバイスをしていく。 ○時間に余裕があれば，2巡3巡させる。
終末	【教師からのフィードバック】 ■相手により自分を知ってもらう方法の学習を通して，わかりやすい話し方のポイントを再確認するとともに，そのことによって，さらに相手に関心をもってもらうことができ，人間関係が深まるということを実感させる。 【チャレンジ】 ■休み時間や給食の時間などの日常生活の中で，自分のことが伝わるように，話すスキルのポイントを意識して伝えていこうとすることが，人間関係を良好にすることを実感させる。	○数人の子どもに感想やポイントとなることを発言させる。 ＊スキルの獲得が不十分な場合は，再度リハーサルを行い，スキル獲得を支援する。 ○子どものもっとやりたいという発言を捉え，授業以外の時間でも遊べることを伝え，日常化を図る。

ワークシート

話すスキル

- しゅみ（好きでやっていること）について

- とくぎ（とくいなこと）について

- お休みの日によくやっていることについて

- マイグルメ（大好きな食べ物）について

- マイブーム（今，自分がむちゅうになっていること）について

【「話すスキル」のポイント】

| ・声の大きさは | ・顔はどこを向いて | ・目線は |
| ・口のあけ方は | ・何を伝えたい | ・どんな顔つきで |

2章 これだけは，徹底したいターゲットスキル

ふり返りシート

氏名（　　　　　　　　　　　　　）

1　今回の授業でとりあげたスキルは「自分をもっと知ってもらうための話し方」でした。今日の授業をふり返ってみましょう。

	もう少し → できた				
①相手が聞きやすい声の大きさで話すことができた	1	2	3	4	5
②相手が聞きやすいようにはっきりと話すことができた	1	2	3	4	5
③顔を上げて相手の目を見て話すことができた	1	2	3	4	5
④学んだスキルで，もっと自分をわかってもらおうと思う	1	2	3	4	5

2　先生や友達についての，今まで知らなかったことを聞いて，その人にどのような気持ちをもちましたか。あなたの気持ちを書いてください。

3　今まで，あまり人に話してこなかったことを友達に伝えた時，友達の様子から，どのような気持ちをもちましたか。あなたの気持ちを書いてください。

4　今回の授業を通して学んだこと，思ったことなどを自由に書いてください。

練習で君もスキル名人！

氏名（　　　　　　　　　　　）

チャレンジシート

1　学んだスキルを生活の中でどのくらい生かすことができましたか。
　①～④についてふり返り，「よくできた時は○」「ときどきできた時は△」「できなかった時は×」をつけましょう。

　　　（　　　）月（　　　）日から（　　　）月（　　　）日まで

話すスキル	月	火	水	木	金	土	日
①相手が聞きやすい声の大きさで話すことができた							
②相手が聞きやすいようにはっきりと話すことができた							
③顔を上げて相手の目を見て話すことができた							
④学んだスキルで，もっと自分をわかってもらおうと思って伝えた							

2　この1週間で，もっとクラスの友達のことをわかりたい，仲良くしたい，と思った時はありましたか。友達がどんな工夫をして伝えていたのか，思い出して書いてみましょう。

　　　　　　　　　　　　　　　　　　　　　　　　　　　　　　　　　　

3　とても自分をわかってもらえたと感じたのは，特にどんなことを自分で意識（いしき）して話した時でしたか。思い出して書いてみましょう。また，あなたは，これから，どういう工夫を大切にしようと思いますか。

スキル3 聴くスキル

相手のことをわかってあげよう

このスキルのテーマ～主題設定の理由～

私たちは，コミュニケーションの時間の約45％を，"聴くこと"についやしているといわれています。日々の生活の中で，人の話を耳を傾けて聴くということは欠かせないものです。だからこそ，漫然と話を聴くのではなく，相手の思いや話の内容を的確に受け止めることができるように聴くことが大切です。

話を聴くことには，大きく3つの役割があります。1つ目は，相手が伝えたいことや自分の知りたいことを，言葉や動きを使って共有するという「情報をもらう役割」です。2つ目は，相手の思いを受け止めていることを伝えるという「相手に肯定や安心を与える役割」です。3つ目は，互いが互いを尊重した気持ちのよいコミュニケーションをとることで「相手と心地よい関係を築く役割」です。

話を聴く時に大切なポイントをよく理解して，スキルを身につけていきましょう。

インストラクションの板書例

```
聴くスキル                    【授業のルール】
                              ・じゃましない
【ポイント】                   ・はずかしがらない
①体を向ける                   ・ひやかさない
②あいづち・うなずき           ・積極的に参加する
③視線（アイコンタクト）       ・グループでの話し合いを
④最後まで話を聴く              大切にする
(⑤内容にかかわる質問をする)
```

⑤の質問の仕方の1つに「いどだなルール」がある。「⓪つ・⓪こで・⓪れが（と）・⓪にをした」にかかわる質問ができると，より会話を理解しやすくなる

子どもの意見や感想を板書する

ねらい

　ソーシャルスキルの観点において，話を聴くことでは，相手の話を理解するだけではなく，相手の話に関心があること，相手の話を理解したことを相手に"伝える"ことが大切です。聴くスキルで大切なポイントは，「①体を向ける，②あいづち・うなずき，③視線（アイコンタクト），④最後まで話を聴く」の4つです。高学年であれば，相手の話に関心をもっていることを伝えるために，「⑤（内容にかかわる）質問をする」こともできるとよいでしょう。聴くスキルとは，人と人との信頼関係を形成する際の初歩的なスキルであると同時に，最重要なスキルともいえるでしょう。

本スキルの取り扱いポイント

(1) 本スキルの取り扱い

　聴くスキルを身につける意味を十分に理解してからスキルを学ぶことが大切です。普段の話の聴き方をふり返って考える時間を設けたり，具体的な場面を提示し「こんな聴き方をされたら，あなたはどんな気持ちになる？」など，話す側の気持ちを想像するように促したりすることも大切です。聴くスキルを身につける意味を理解してから，話を聴くことの3つの役割を学んでいきます。話を聴くことには，情報を共有するだけではなく，相手に肯定や安心を与える役割があること，また，それができることで，相手とよい関係を築いていくことができることを理解させます。

　聴くことの重要性や役割を十分理解した上で，聴く際のポイントを身につけることが大切です。子どもたちの理解度を十分に確認しながら，スキルを身につけさせていきましょう。

(2) この時間での工夫

　人の話を聴くという時間は，話したいことがたくさんある子どもや，じっとしていることが苦手な子どもにとって，ムズムズとしてしまう時間かもしれません。この時間を通して，話を聴くことは一方的なものではなく，相互的なものだと体験を通して理解できるとよいでしょう。

評価の観点と事後指導

【評価の観点】　話を聴くことの重要性を理解できたか。
　　　　　　　話を聴く時に大切なポイントを使って，相手に"伝える"ことができたか。
【事後指導】　定期的に，「聴く」スキルを意識させる。
　　　　　　　自分の「聴き方」をチェックする機会を設ける。

指導案

	学習活動・主な発問と予想される子どもの発言	指導上の留意点
導入	1　前回の授業のふり返りと授業のルールの確認を行う。 2　「コミュニケーション」とは何か問いかける。 ■相互的な言語的・非言語的なやりとりであることを説明する。 ■話をするだけでなく，話を聴くことも含まれていることを説明する。	○授業の基本を確認する。 ○本時と普段のコミュニケーションが，つながっていることを理解させる。
展開	【インストラクション】 ■「聴く」ことの大切さを説明する。 ①話を理解すること。 ②話を理解しようとしていることを相手に"伝える"こと。 【モデリング】 ■聴き方の悪い例とよい例を見比べて，何が大切か考える。 　モデル1（悪い例）：お昼休みに，話の途中で本を読み始めた。 　　　　　　　　　　目線を合わせず，おざなりな返事をする。 　→子どもにどう思ったか問いかけ，感想をワークシートに記入。 　→聴く時には何が大切かを考えさせる。子どもの意見を板書する。 ■聴く時のポイントを説明する。 「人の話を聴く時，どんなことに気をつけますか？」と問いかける。 〈ポイント〉 ①体を向ける ②あいづち・うなずき ③視線（アイコンタクト） ④最後まで話を聴く 　（⑤内容にかかわる質問をする：「いどだなルール」） 　モデル2（よい例）：悪い例と同じ場面で，聴き手が5つのポイント 　　　　　　　　　　を使って話を聴く。 　→子どもにどう思ったか問いかけ，感想をワークシートに記入。 【リハーサル】＆【仲間からのフィードバック】 ■5つのポイントを意識してペアワークで練習する。 ①話のテーマを指定し，テーマにそって自由に考えるよう促す。 ②ペアワーク。(聴き手と話し手を交替して各1回ずつ) ③ワークシートに記入。 ④ペアで感想と相手の「聴く」スキルのよかった点を伝え合う。	○ポイントを示して確認する。 〈聴くことの重要性〉 ①情報をもらう役割 ②相手に肯定や安心を与える役割 ③相手と心地よい関係を築く役割 ○「例以外にも似たような場面はあるかな」などと普段の生活の中で想像して取り組めるよう促す。 ○教師の体験談を交えながら話してもよい。 ○子どもから出た意見を交えながら，ポイントを説明する。 ○いどだなルールは，わかりやすい質問の工夫→"＋α（上級編）"として説明してもよい。
終末	【教師からのフィードバック】 ■ふり返りシートの記入→発表 ■聴くスキルのポイントをふり返る。 ・聴くことは，相手に「あなたの話をちゃんと聴いているよ」と伝えることでもある。 ・聴いていることが伝わることで，話す人も話しやすくなる。 【チャレンジ】 ■日常生活へつなげる。 「日常生活の中で聴くスキルのポイントを意識して実践しよう。相手も自分も，気持ちがよいコミュニケーションをとっていこう」などと促す。	○聴くスキルのポイントを再度ふり返る。 ○日常のどの場面も練習の場となることを伝える。

ワークシート

氏名（　　　　　　　　　　　）

聴くスキル

1　「話を聴く」とは

【話を聴くこと】	【ポイント】
①話を理解すること ②話を理解しようとしていることを相手に"伝える"こと	①体を向ける ②あいづち・うなずき ③視線（アイコンタクト） ④最後まで話を聴く ⑤内容にかかわる質問をする 　「いどだなルール」

2　悪いモデルを見て，どう思いましたか。気づいたことを書いてみましょう。

　

よいモデルを見て，どう思いましたか。気づいたことを書いてみましょう。

　

3　聴くスキルはできましたか。自分で採点してみましょう。

	もう少し　→　できた				
①体を向ける	1	2	3	4	5
②あいづち・うなずき	1	2	3	4	5
③視線（アイコンタクト）	1	2	3	4	5
④最後まで話を聴く	1	2	3	4	5
⑤内容にかかわる質問をする	1	2	3	4	5

ふり返りシート

氏名（　　　　　　　　　　　）

1　今回の授業でとりあげたスキルは「聴くスキル」でした。
　　今日の授業をふり返ってみましょう。

	もう少し　→　できた				
①前回学んだスキルを確認することができた	1	2	3	4	5
②今回の授業の内容について理解できた	1	2	3	4	5
③今回の授業に積極的に参加できた	1	2	3	4	5
④学んだスキルを積極的に生活に取り入れてみようと思う	1	2	3	4	5

2　なぜ「聴くスキル」は大切なのだと思いますか。
　　あなたの考えを書いてください。

3　今回の授業を通して学んだこと，思ったことなどを自由に書いてください。

練習で君もスキル名人！

氏名（　　　　　　　　　　　　　）

チャレンジシート

1. 学んだスキルを生活の中でどのくらい生かすことができましたか。
   ①〜④についてふり返り，「よくできた時は○」「ときどきできた時は△」「できなかった時は×」をつけましょう。

   （　　　）月（　　　）日から（　　　）月（　　　）日まで

聴くスキル	月	火	水	木	金	土	日
①聴くスキルを，普段の生活の中で意識することができた							
②相手の考えや気持ちを尊重しながら話を聴くことができた							
③相手が話しやすいように，あいづちやうなずきをすることができた							
④質問や身ぶり手ぶりを使いながら，相手の話に興味があることを伝えることができた							

2. 「聴くスキル」で，上手にできた，うまく対応できた，と思えた具体的な場面を書いてみましょう。

3. 「聴くスキル」を，実際の生活の中でより活用していくためにはどのような点に気をつけたらよいでしょうか。自分の気づきを書いてみましょう。

スキル4 感情を理解するスキル
相手の気持ちをわかってあげよう

このスキルのテーマ～主題設定の理由～

　本トレーニングでは，感情を読み書き能力と同じように，授業を通して子どもたちに教えていくことができる「スキル」であると考えていきます。具体的には，感情を表す言葉やその使い方を理解することで，外からは見えない心の中の気持ちを言葉で伝えることができます。そうすることで，自分の気持ちを他者と共有することができ，うれしいことはともに喜び，うまくいかないことはどうすればよいかを一緒に考えることができるようになります。

　このように，感情とはどのようなものであり，どういった言葉で表現することができるのかという知識を身につけることは，適切な人間関係の構築に役立つだけでなく，学習への取り組みを支え，学びへの肯定的な効果をもたらすとされています。ですから，感情を理解するスキルを身につけていくことは，子どもたちが学校生活に適応していくために大切であると考えています。

インストラクションの板書例

感情を理解するスキル

感情（気持ち）ってなんだろう？
・気持ちは変化する
・外からは見えない
・言葉で伝えることで理解できる
・相手の表情や声もヒントになる

【授業のルール】
・じゃましない
・はずかしがらない
・ひやかさない
・積極的に参加する
・グループでの話し合いを大切にする

ワクワク　　　　　　イライラ　　　　　　不安
もうすぐ遠足！　　　友達とけんかした！　　体育いやだな
誕生日プレゼント楽しみ！　先生に怒られた！　失敗したらどうしよう

授業中，そのまま残しておく，消さない板書

子どもの意見を書いたり，写真を貼ったりする板書

ねらい

感情を表す言葉を幅広く獲得することで,自分や相手の気持ちを正しく理解し,適切に表現していくための知識を身につけることをねらいとします。

本スキルの取り扱いポイント

(1) 本スキルの取り扱い

ワークシートの3で使用する感情を表す言葉は,授業者が子どもたちと話し合いたい感情に書きかえてもかまいません(「うれしい」「楽しい」「悲しい」「寂しい」「怒り」「恐れ」「心配」「はずかしい」など)。学年が上がると,「あこがれ」「期待」「うらやましい」「がっかりした」「みじめな」「罪悪感」といった,複雑な感情を理解できるようになりますので参考にしてください。言葉の意味を子どもたちに調べさせてもよいですし,進行状況を見ながら授業者が提示してもよいと思います。

(2) この時間での工夫

子どもたちにとって,自分のネガティブな感情を認めることは,とても勇気のいることです。周りによく思われたい,あるいは,気づかれたくないという思いから,あたりさわりのない場面を記述したり,書くことを躊躇したりする子どももいるかもしれません。そういった場合は,無理に書くことを促す必要はありません。全体指示の中で,自分の感情を言葉にすることは,とても勇気がいる取り組みであることに共感してあげてください。その上で,自分の中のネガティブな感情に気づくことは,どうしたらよい方向に変えていくことができるかについて考えるきっかけとなり,心の成長につながることを伝え,はげましていきましょう。

評価の観点と事後指導

【評価の観点】 外からは見えにくい感情は,言葉で表現すると相手とわかり合うことができることを理解できたか。
感情にはそれが生じる理由があることに気づくことができたか。

【事後指導】 日常生活の中で生じる様々な自分の感情を,自分の言葉で理解し表現しようとすることは,良好な対人関係の維持や心の成長につながることを伝える。その上で,日常の他者とのやりとりの中で自分が感じた心の動き(=感情)を相手に伝わる言葉で表現する練習を意識的に行っていくよう促す。

ワークシートの1の答え:気持ち/見えない/言葉/表情/声
ワークシートの4の答え:理由/理由

指導案

	学習活動・主な発問と予想される子どもの発言	指導上の留意点
導入	【インストラクション】＆【モデリング】 ■前回の授業のふり返りと授業のルールの確認を行う。 ■感情について考える。 ・感情は短い時間で起こる気持ちの変化。 ・感情は外からは見えない。 ・感情は言葉で伝えることで理解し合える。 ・相手の表情や声もヒントになる。 ■基本的な4つの感情について理解する。 「これから先生が4つの気持ちを言葉で説明します。みなさんは，その言葉がどんな気持ちを表しているか考えて，ワークシートの2に書いてください」 〈例〉「私がこの気持ちになるのは，いつも自分ばっかりやっていて，誰もそうじを手伝ってくれない時です。さて，私の伝えたい気持ちはどんな気持ちでしょうか？」	○ワークシートを配付する。 ○感情について理解する授業であることを明示する。 ○4つの感情（「怒り」「悲しみ」「喜び」「幸せ」）について，表情や声のトーンを変えながらモデルを示す。（「喜び」を"逆上がりができるようになった時"とするなど，クラスで伝えたい・取り上げたい場面に書き換えてもよい） ○4つの感情を1つずつ提示し，その気持ちをワークシートの2に書かせる。
展開	【リハーサル】＆【仲間からのフィードバック】 ■感情が起こる理由について考える。 ①ワークシートの3を用い，複雑な感情が生じる場面を記入する。 ②ペアで共有する。（言いたいことが相手に伝わるか確認する） ■ワークシートの3に記入したエピソードを全体に発表する。 「どのような場面で○○の気持ちになるのか発表してみましょう。例えばこんな感じ……。私がこの気持ちになるのは，今日も体育で苦手な長縄の練習があるということを考えた時です。さて，私の伝えたい気持ちはどんな気持ちでしょうか？ 今の気持ち，ワクワクだと思う人？（挙手を求める），イライラだと思う人？……。こんな感じで，次はみんなでやってみましょう！」 ・発表者はワークシートの3の発表の仕方にそって場面を発表する。 ・観察者はその感情が生じる場面をイメージしながら聞く。 ・同じ感情でも人によって感じ方や表現が異なることを知る。 ■感情は変化するものであることを知る。 ・感情にはそれが生まれる理由がある。 ・理由がわかればよい方向に変えることができる。	○発表者が伝えようとした感情を確認し，発表内容の概要を感情ごとに板書する。 「○○さんが伝えたい気持ちは△△でいいですか？」 ○感情が生まれる理由がわかればよい方向に変えていくことができることを，子どもたちの発表内容を用いて説明する。 〈例〉「不安」な気持ち 「最近，なんとなくやる気が出ないのは，体育の時間に長縄があるからだと思う。失敗したらどうしようって考えると『不安』になる。だから，うまくいかない時はつい笑ってごまかすんだ。『ふざけないで！』って友達に言われるんだけど"……ということは，本当はできなくて困ってるんだよね。それがわかれば，"友達を誘って休み時間に練習してみよう！"とか"おうちの人に教えてもらおう！"といったように，どうしたらよいのかを考えることができますね！」
終末	【教師からのフィードバック】 ■いろいろな感情とのつきあい方を考える。 「感情にはワクワクとか，楽しいといったものばかりでなく，イライラや不安といったものもあります。これらは全て，私たちの心が成長するのに大切なものです。自分の気持ちに気づき，どうしてそうなるのかを理解することで，どうすればもっとよくなるかということを考えることができるからです。誰かに気持ちを伝えることで，よいアドバイスをもらえるかもしれませんね」 【チャレンジ】 ■日常生活においても，感情を言葉で表す練習をしてみるよう促す。	○自分の気持ちに気づくことは，相手の気持ちに共感することにもつながる。そうすると，相手への声のかけ方も変わってくるであろうことにも言及する。

ワークシート

氏名（　　　　　　　　　　　）

感情を理解するスキル

1　感情ってなんだろう？

◆感情は短い時間で起こる（　　　　　　　　　　　）の変化
◆感情は外からは（　　　　　　　　　　）
◆感情は（　　　　　　　　）で伝えることで理解し合える
◆相手の（　　　　　　　）や（　　　　　　　　　　　）もヒントになる

2　感情を表す言葉を考えてみよう！

場　面	気持ち
①自分ばっかりやっていて，誰もそうじを手伝ってくれない時　→	
②大切にしていた宝物をなくしてしまった時　→	
③ずっとほしかったプレゼントをもらった時　→	
④おいしいごはんを食べている時　→	

3　感情が起こる場面を考えてみよう！

気持ち　　　　　意　味	場　面
①ワクワク　：期待や喜びなどで心がはずむ　→	
②イライラ　：思うようにならず腹立たしい　→	
③不安　　　：安心できない　→	

4　感情は変えることができる！

◆感情にはそれが生まれる（　　　　　　　　　　　　　）がある！
①（　　　　　　　　　）がわかればどうすればよいか考えることができる！
②自分の気持ちを考えることで，相手の気持ちがわかるようになる！　→友達とのよい関係
③自分や相手の気持ちを考えることで，自分の心が成長する！　→楽しい学校生活

2章　これだけは，徹底したいターゲットスキル

ふり返りシート

氏名（　　　　　　　　　　　）

1　今回の授業でとりあげたスキルは「感情を理解するスキル」でした。
　　今日の授業をふり返ってみましょう。

	もう少し　→　できた				
①隣の友達に自分の考えを伝えることができた	1	2	3	4	5
②友達の発表をしっかりと聴くことができた	1	2	3	4	5
③感情は言葉で伝えることで理解できることがわかった	1	2	3	4	5
④自分や相手の気持ちを考えることが大切だとわかった	1	2	3	4	5

2　「感情を理解するスキル」を使うことで，どんなよいことがあると思いますか。
　　授業で学んだことを書いてみましょう。

3　今回の授業を体験して思ったことや考えたことを自由に書いてください。

練習で君もスキル名人！

氏名（　　　　　　　　　　　　　）

チャレンジシート

1　授業で学んだ「感情を理解するスキル」を生活の中でどのくらい考えることができましたか。①～⑤についてふり返り，「よくできた時は○」「ときどきできた時は△」「できなかった時は×」をつけましょう。

（　　）月（　　）日から（　　）月（　　）日まで

感情を理解するスキル	月	火	水	木	金	土	日
①楽しいことやうれしいことがあった時に，どうして自分がそういう気持ちになるのか理由を考えた							
②イライラした時や，悲しくなった時に，どうして自分がそういう気持ちになるのか理由を考えた							
③友達が楽しそうにしている時や，うれしそうな顔をしている時に，どうしてそうなるのかを考えようとした							
④友達が困っている時や，悲しそうな顔をしている時に，どうしてそうなるのかを考えようとした							
⑤「感情を理解するスキル」のことを考えた							

2　「感情を理解するスキル」を，生活の中でうまく使えたと思える場面を思い出して書いてみましょう。

3　「感情を理解するスキル」を使って，よかったことや気づいたことを書いてみましょう。

スキル5 感情に対処するスキル
キレずにおだやかにいよう

このスキルのテーマ～主題設定の理由～

　子どもたちの会話を聞いていると，相手の気持ちや状況を考えず，「ムカつく」「うざい」という言葉を使い，一時的な感情の高まりで興奮したり大声でけんかをしたりする場面を目にすることが多々あります。不適切な感情への対処は，健康な心や体のためにも，良好な人間関係のためにも，望ましくありません。

　自分の気持ちを上手に主張し，自分の力でうまく対処することは，良好な人間関係を保つだけでなく，子どもが抱える諸問題に対する予防策や解決策にもなりえます。感情には喜怒哀楽がありますが，今回は，特に人間関係に影響しやすい「怒り」の感情に焦点をあてて，感情に対処する力（スキル）を身につけさせたいと思います。

　ここでは，怒りなどの不快な感情をもった時，感情のままに行動すると，人間関係を壊してしまうことに気づかせます。怒りの気持ちの奥にある自分の本当の気持ちや相手に伝えたい思いに気づき，それをどのように相手に伝えると，自分の気持ちや状況をより理解してもらえるのかについて確認します。以上のことを踏まえて，自分に合った感情に対処する方法を身につけることをねらいにします。

インストラクションの板書例

```
感情（怒り）に対処する            【授業のルール】
３つのステップ                    ・じゃましない
①気がつく                        ・はずかしがらない
②対処する                        ・ひやかさない
③確認する                        ・積極的に参加する
【感情に対処する方法】             ・グループでの話し合いを
・深呼吸する                        大切にする
・間をとる
・その場から離れる
・相手に自分の気持ちを伝える
```

ねらい

　児童期において，自分や相手の気持ちを理解し行動することは容易なことではありません。また，自分の感情に対処するという行為はハードルが高いことです。そのため，具体的なイメージをもたせる工夫が必要です。まず，最近怒りを感じたことからその時に感じた気持ちを考えさせます。また，感じた怒りをぶつけてしまうと，相手だけでなく自分も傷ついてしまうことに気づかせます。自分に合った感情に対処する方法を知り，練習して使えるようになると，「怒り」の感情をもった時に適切な対処ができるようになります。

本スキルの取り扱いポイント

(1) 本スキルの取り扱い

　導入として，具体的なイメージをもたせるため，最近イライラしたことやその時の気持ちを具体的にあげてもらいます。そして，展開でモデリングを見ることで，感じた怒りをぶつけてしまうと，相手だけでなく自分も傷ついてしまうことに気づかせます。また，「怒り」という感情にどのように対処したらよいか，リハーサルやフィードバックを取り入れて感情に対処する方法のバリエーションを増やしていきます。自分に合った感情に対処する方法を知り，練習して使えるようになると，「怒り」の感情をもった時に適切な対処ができるようになります。

　展開のポイントは2つあります。第1の着眼点は，感じた怒りをコントロールしないと自分も相手も傷ついてしまうことを知ることです。日常生活にありがちな場面を想定し確認します。

　第2の着眼点は，自分の気持ちに気がつき怒りの状態が高い時に自分に合った怒りに対処する方法を実践し，自分の気持ちを確認してから次の行動に移ることを学びます。班やクラス全体で考えさせ，どんな方法があるのか子ども同士の自主的な意見交換を促します。

(2) この時間での工夫

　ここでは，子どもが自分の体験から自分の感情にしっかりと気づくことが大事です。最近イライラした経験を思い出すことや自分の感情に気づくことが難しい場合は，教師の体験を話すとよいでしょう。子どもへの自己開示にもつながり，興味・関心を高めることができます。

評価の観点と事後指導

【評価の観点】　自分に合った感情に対処する方法を考えることができたか。

【事後指導】　　自分に合った感情に対処する方法を知り，日々の生活の中で練習することが大切であることを伝える。

指導案

	学習活動・主な発問と予想される子どもの発言	指導上の留意点
導入	【インストラクション】 ■前回の授業のふり返りと授業のルールの確認を行う。 ■「日常の中でイライラすることがあると思います。それはどんな時ですか。その時にどんな気持ちになったかをワークシートに書いて思い出してみましょう」	○教師は子どもが具体的な場面を想定できるように支援にあたる。
展開	【モデリング】 ■「イライラしている時に，自分の感情に対処しないとどうなってしまうのでしょうか。これから先生が感情への対処の悪い例とよい例をやってみせます。それを見てどう思ったかワークシートに記入してください。友達と公園で遊ぶ約束をしていたのに，友達がいつまで待ってもきてくれず，次の日その友達に自分の気持ちを伝えるという設定です」 ■モデル１（悪い例）：「公園で一緒に遊ぼうって言ったのになんでこなかったの？」（相手を責める口調で） ・「このように言ってしまうと，友達との関係が悪くなり，自分も嫌な気持ちになるかもしれませんね」 ■モデル２（よい例）：「遊ぶ約束をしてたから公園で待ってたんだけどこなくて悲しかったよ。何かあったの？」（落ちついた口調で） ・モデル１の例とどこが違うか考えさせる。 ■「先ほどの場面のように，相手のしたことに怒っている時，気持ちを落ちつかせて友達と話をするためには，自分の気持ちに気がつき，怒りの感情に対処し，自分の気持ちを確認してから次の行動をとる必要があります。怒りに対処するステップは，①気がつく，②対処する，③確認するです」 ■「では，怒りの気持ちに気がついたらどうしたらよいですか？」 ・いろいろな意見を出させる。出た意見を板書する。 〈例〉深呼吸する，間をとる，その場から離れる，相手に自分の気持ちを伝える 【リハーサル】＆【仲間からのフィードバック】 ■エクササイズ ・「公園で一緒に遊ぼうって言ったのになんでこなかったの？」の例を基に，感情に対処する３つのステップを確認し，どのように自分の気持ちを伝えるか考えさせる。セリフを考えたら，ペアで練習する。	○子どもが「対処」という言葉がわからない時には，ほうっておかないで取り組むことであると伝える。 ○感じた怒りをぶつけてしまうと，相手だけでなく自分も傷ついてしまうことに気づかせる。 ○言葉の内容だけでなく，言い方の違いにも目を向けさせる。 ○３つのステップを板書する。 ○「感情に対処する方法」を板書する。これまでにやってみてうまくいったもの，自分が普段使っているもの，こういう方法がよいと思うものなど，自由な発想を促す。 ○言葉の内容だけでなく，言い方にも気をつけるよう促す。
終末	【教師からのフィードバック】 ■授業の内容をまとめ，ふり返る。 ■今日の勉強でわかったことをふり返りシートに書かせる。 【チャレンジ】 ■チャレンジシートを配付し，日常生活で実践するよう伝える。	○日常生活の中で取り組めるよう働きかける。また，気持ちは自分できりかえられることを伝える。

ワークシート

氏名（　　　　　　　　　　　）

感情に対処するスキル

1　これまでにイライラしたことを思い出してみてください。それはどのような時でしたか。その時にどのような気持ちになったか思い出してみましょう。

2　モデル1（悪い例）を見てどう思いましたか。

　　モデル2（よい例）を見てどう思いましたか。

3　「公園で一緒に遊ぼうって言ったのにこなかったのはなぜ？」の例をもとに，自分の感情に気がつき，対処した上でどのように自分の気持ちを伝えるか書いてみましょう。

4　友達の意見を聞いた感想を書きましょう。

ふり返りシート

氏名（　　　　　　　　　　　）

1　今回の授業でとりあげたスキルは「感情に対処するスキル」でした。
　　今日の授業をふり返ってみましょう。

	もう少し → できた				
①5つの授業のルールを守ることができた	1	2	3	4	5
②今回の授業の内容について理解できた	1	2	3	4	5
③今回の授業に積極的に参加できた	1	2	3	4	5
④学んだスキルを積極的に生活に取り入れてみようと思う	1	2	3	4	5

2　「感情に対処するスキル」のどこが大切だと思いますか。具体的に，どのように生かしていきたいと思いますか。

3　今回の授業を通して学んだこと，思ったことを書きましょう。

練習で君もスキル名人！

氏名（　　　　　　　　　　　）

チャレンジシート

1　学んだスキルを生活の中でどのように生かすことができましたか。

月／日	イライラした場面	どのように対処した？
／		
／		
／		
／		
／		

2　「感情に対処するスキル」で，上手にできたのは，具体的にどのような場面でしたか。

3　「感情に対処するスキル」で，うまくいかなかったことは何ですか。どうすればうまくいくと思いますか。

4　「感情に対処するスキル」を練習した感想や気づきを書きましょう。

2章　これだけは，徹底したいターゲットスキル

スキル6 あたたかい言葉をかけるスキル
相手をほっこりさせてあげよう

このスキルのテーマ〜主題設定の理由〜

　小学生になると人間関係が広がり、学年が上がるにつれて、友達とのつながりを強く求め、関係が深まっていきます。中学年から高学年にかけては、共通の活動を通して「友達に認められている」ことを実感し、友達グループに対して、自分の居場所であるという感覚を強めていきます。子どもたちにとって、友達関係を維持し深めていくことは、自分に自信をもつ上でも大切なことといえます。

　しかし、時には、何気なく発した言葉や、悪気なく使った言葉が相手を傷つけてしまい、友達との長引くトラブルの原因になったり、子どもの孤立につながったりすることがあります。

　ここでは、かけられる言葉によって気持ちが変化し、ほめられたりはげまされたりと、好意的なメッセージを受け取るとあたたかい気持ちになることに気づくことをねらいにします。そして、友達を思いやり尊重し、興味・関心があるということを伝えるあたたかい言葉をかけることは、自分も友達も大切にする関係づくりが期待できるスキルだということを伝えます。

インストラクションの板書例

```
あたたかい言葉をかけるスキル                【授業のルール】
    【あたたかい言葉って?】                 ・じゃましない
とてもよい気持ちになって心があたたかくなる言葉   ・はずかしがらない
                                          ・ひやかさない
うれしくなる, 元気が出る, もっと一緒にいたい,   ・積極的に参加する
仲良くなりたいと思う気持ち                  ・グループでの話し合いを大
   【あたたかい言葉をかけるスキル】             切にする
ほめる・感謝する・はげます・心配を伝えるなど, 相
手がうれしくなる言葉をかけるスキル            【言葉以外のポイント】
※周りで聴いていてもうれしくなる言葉          ・表情(笑顔で)
      【スキルのポイント】                  ・目線(相手を見て)
「よいところを認める言葉」+「あたたかい言葉」   ・声の大きさ・トーン
                                          ・身ぶり手ぶり
```

ねらい

　言葉によって気持ちが変化することに気づき，「ほめる」「感謝する」「はげます」「心配する」など，自分が言ってもらえたらうれしいと思うあたたかい言葉をかけるスキルについて，言語・非言語の両面から学習します。そして，あたたかい言葉をかけることは相手の心をあたたかくするだけではなく，「あたたかい言葉」をかけてくれる人は大切な人，一緒にいたい人となり，自分の人間関係にもポジティブな影響を与えていることに気づかせます。

本スキルの取り扱いポイント

(1) 本スキルの取り扱い

　第1の着眼点は，つめたい言葉とあたたかい言葉の存在に気づき，それぞれの言葉がもたらす気持ちについて，理解を深めていくことです。

　第2の着眼点は，あたたかい言葉を伝える上で，はげましや心配，感謝などを伝える言葉に加えて，それらに適した行動や態度（非言語スキル）があることに気づいてもらうことです。そのために，モデリングが重要になります。子どもがわかりやすいように少し大げさに行うなどの工夫の他に，例えば，あたたかい言葉を扱うけれど，非言語スキルが伴っていないモデルを見せるなどの工夫も有効です。

(2) この時間での工夫

　中学年から高学年は，はずかしさから，面と向かってあたたかい言葉をかけることに抵抗を感じやすい時期でもあります。教師が，子どもの授業に対する積極的な参加や発言，気づきなどをほめ，クラスのあたたかい雰囲気を醸成します。また，教師自身の体験を語るモノローグを有効活用しましょう。教師自身の体験を話すことで，子どもの興味・関心を高めることができ，あたたかい言葉をかけることの意義やメリットを感じた上でリハーサルを行うことが期待できます。さらに，話し手である教師（あるいはTA）の「自己開示」にもつながります。

評価の観点と事後指導

【評価の観点】　言葉によってかけられた人の気持ちが変わることに気づけたか。
　　　　　　　自分なりのあたたかい言葉を考えられ，言語以外のポイントとともにリハーサルで活用できたか。

【事後指導】　誰でもあたたかい言葉をかけられると心があたたかくなることを確認し，相手を認めるあたたかい言葉は，自分にも返ってくることを生活の中の折々で伝える。

指導案

	学習活動・主な発問と予想される子どもの発言	指導上の留意点
導入	1　前回の授業のふり返りと授業のルールの確認を行う。 2　アイスブレーキング：「友達や先生，家族の人から言われてうれしかった言葉・悲しかった言葉は何ですか？」を行い，クラスでシェアする。 〈例〉うれしかった言葉：「○○をがんばっているね，ありがとう」など 　　　悲しかった言葉：「○○ができない，ばかにされた」など	○練習が大事であることを確認する。 ○体験から，どのような言葉をかけられるかで，気持ちが変化することに気づかせる。 ○子どもが書きやすいように，教師が例を示す。
展開	【モノローグ】 ■あたたかい言葉をかけられた経験を教師が語る。 【インストラクション】 ■あたたかい言葉について説明する。 「あたたかい言葉とは，その言葉を聴くと，とてもよい気持ち（うれしくなったり，元気が出たり，もっと一緒にいたい，仲良くなりたいと思ったりする）になる言葉です。心があたたかくなりますね。具体的には，相手のよいところをほめたり，感謝したり，はげましたり，心配したり，相手がうれしくなる言葉のことです。言われる本人だけでなく，周りで聴いていても心地よい言葉でもあります」 〈スキルのポイント〉 「よいところを認める言葉」＋「あたたかい言葉」 （×「悪いところを指摘する言葉」＋「つめたい言葉」） ■みんなの気持ちが伝わる「あたたかい言葉」を子どもにあげてもらい，板書にまとめる。 【モデリング】 ■「失敗してしまった時のある場面を見てもらいます。2つの場面の違いは何でしょう。みなさんなら，どのような気持ちになりますか？」 悪い例：「何やってるんだよ！＋お前のせいで負けただろう」 よい例：「失敗する時もあるよね＋次はうまくいくといいね」 ※少し大げさな態度でモデリングをする。 ■「あたたかい言葉をかけてくれる人と一緒にいたいですよね」 【リハーサル】＆【仲間からのフィードバック】 ■場面設定したワークシートを使って，「あなたならどんな言葉をかけるか」考えてもらう。個人でワークシートにセリフを書き，言葉をかける役，かけられる役に分かれ，ペアでやってみる。 ■それぞれ，「よかったこと」「感じたこと」について，感想を伝え合う。	○教師自身があたたかい言葉をかけられたことで，「うれしかった」「認められた」「言葉をかけてくれた人ともっと仲良くなりたいと思って自分もやってみたら，対人関係がよりよく変化した」経験を語る。言葉で気持ちが変化することとあわせて，自分の働きかけが自分にもポジティブな影響を与えていることが伝わるとよい。子どもにとって身近なものとして感じさせながら，素直な感想を発表させる。 ○出ないようであればいくつか例をあげてみる。 ○発表者に拍手をするなど，積極的な発言や参加をほめる。 ○言葉以外のポイント（表情，目線，声の大きさ・トーン，身ぶり手ぶりなど）もまとめながら，言葉以外の大切さも伝える。 ○普段のクラスの様子の中から，子どもたちの葛藤やトラブルが起きやすい場面を設定する。
終末	【教師からのフィードバック】 ■ふり返りシートに記入させ，クラス全体でシェアリングする。 ■誰でも，あたたかい言葉をかけられると心があたたかくなることを確認する。認められそうなよいところを見つけ，自分が「こんな言葉をかけられたい」と思う言葉を使って練習することを促す。 【チャレンジ】 ■チャレンジシートを配付し，日常生活の中で意識的に使ってみることを促す。	○人それぞれ思い描く言葉は違うが，相手の状況や気持ちを想像して言葉をかけることで，人とうまくかかわっていけることを確認する。 ○繰り返し練習することが大切であることを強調する。

ワークシート

氏名（　　　　　　　　　　　　）

あたたかい言葉をかけるスキル

1　うれしかった言葉・かなしかった言葉

誰から（　　　　　　　　　　）
どんな言葉？

誰から（　　　　　　　　　　）
どんな言葉？

2　「あたたかい言葉」とは？

【あたたかい言葉】
●とてもよい気持ちになって心があたたかくなる言葉
　→相手のよいところをほめたり，感謝したり，はげましたり，心配したり，相手がうれしくなる言葉

【ポイント】
「よいところを認める言葉」＋「あたたかい言葉」
※言葉以外のポイント（表情，目線，声の大きさ・トーン，身ぶり手ぶり）

3　こんな時，あなたならどんな言葉をかける？

【あたたかい言葉リスト】
〈例〉
・大丈夫？
・元気だして
・ありがとう
・すごいね
・うれしかったよ
・残念だったね
・くやしかったね
　　　　　　など

場面

2章　これだけは，徹底したいターゲットスキル

ふり返りシート

氏名（　　　　　　　　　　　）

1　2人組で「あたたかい言葉をかけるスキル」を練習した感想を書いてみましょう。

相手のよかったところ

あたたかい言葉をかけられた感想

2　今回の授業でとりあげたスキルは「あたたかい言葉をかけるスキル」でした。
　　今日の授業をふり返ってみましょう。

	もう少し　→　できた				
①授業のルールを守ることができた	1	2	3	4	5
②今回の授業の内容についてわかった	1	2	3	4	5
③今回の授業に積極的に参加できた	1	2	3	4	5
④学んだスキルを積極的に生活に取り入れてみようと思う	1	2	3	4	5

3　今回の授業を通して学んだこと，思ったことなどを自由に書いてください。

練習で君もスキル名人！

氏名（　　　　　　　　　　　　）

チャレンジシート

【あたたかい言葉】
●とてもよい気持ちになって心があたたかくなる言葉 　→相手のよいところをほめたり，感謝したり，はげましたり，心配したり，相手がうれしくなる言葉

【ポイント】
「よいところを認める言葉」＋「あたたかい言葉」 ※言葉以外のポイント（表情，目線，声の大きさ・トーン，身ぶり手ぶり）

1　「あたたかい言葉をかけるスキル」を練習してみましょう。

いつ	だれに	どんな時	あたたかい言葉	その時の相手の様子 自分の気持ち
〈例〉 〇月〇日	クラスの友達	「いっしょに帰ろう」と待っていてくれた。	待っていてくれて，ありがとう！	はずかしそうだった。自分もはずかしかったけどうれしかった。
月　　日				
月　　日				
月　　日				

2　練習をやってみてどうでしたか？　感想や，工夫したことなどを書いてみましょう。

2章　これだけは，徹底したいターゲットスキル

スキル7 仲間に入るスキル
友達の遊びに入れてもらおう

このスキルのテーマ〜主題設定の理由〜

　子どもの社会化において重要な役割を果たすのが，自分の自由な意志・感情に基づいて形成されるインフォーマルな仲間集団です。この集団は，中学年から高学年にかけて最も活動が活発になるとされています。

　しかし，仲間入り行動は多くの子どもたちにとって難しい課題です。子どもの仲間入り行動としては，許可を求める，質問をする，会話をする，他の遊びに誘う，自分をひけらかすなど多様なものがあります。最も成功しやすいのは言葉を使った仲間入りであるとされ，相手に積極的に許可や質問の声かけをしていく行動が求められます。一方で，一部の子どもたちは自分をひけらかす行動や仲間の活動をじゃまをすることで仲間に入れてもらおうとしますが，そのような方法は拒否や無視を受けて，失敗に終わりやすいものです。また，非言語的スキルを適切に使えていない仲間入りもうまくいきません。

　この授業では，成功しやすい仲間に入るスキルを，言語・非言語的なポイントを押さえて身につけさせます。

インストラクションの板書例

仲間に入るスキル

【伝え方のポイント】
①仲間に入りたい気持ちを言葉で伝える
②言葉以外の態度にも気をつける
・声の大きさ
・顔の表情
・相手との距離

【授業のルール】
・じゃましない
・はずかしがらない
・ひやかさない
・積極的に参加する
・グループでの話し合いを大切にする

　授業中，そのまま残しておく，消さない板書

　子どもの意見を書いたり，写真を貼ったりする板書

ねらい

友達との仲間活動を促進させるために，すでにある仲間関係に入っていくためのスキルを身につけます。友達と一緒に活動したいという意思をどう伝えればよいのか，言語・非言語の両面から考えさせていきます。

また，仲間に入れてもらえなかった時の対処行動を教えると同時に，あたたかく仲間に迎え入れることの大切さも意識させ，クラスの雰囲気づくりにつなげましょう。

本スキルの取り扱いポイント

(1) 本スキルの取り扱い

第1の着眼点は，仲間入りの意思をどう言葉で表現するかです。自分をひけらかしてじゃまをした時，仲間入りの許可を求めた時，活動について質問した時の3つのパターンでモデリングを行います。子どもにどれがよりよい声かけであるかを考えさせ，理由をワークシートに書かせます。ここでは，許可も質問も適切な声かけであることに注意しておきます。

第2の着眼点は，スキルを使う際の非言語的態度です。声の大きさ，顔の表情，相手との距離の3つの観点から，よりよい態度を選択させます。

第3の着眼点は，仲間入りを拒否された時の対処行動です。怒ったり落ち込んだりとむやみに感情的にならず，次に適切な行動をとれるようにいくつかのパターンを示しておきます。

(2) この時間での工夫

仲間入りを拒否されるという傷つき体験にならないように，子どもがリハーサルを行う際には，必ず仲間入りが成功に終わるようにします。また，消極的なタイプの子どものために，質問をする，あいさつをするなど，はっきり意思表示しなくても仲間入りが成功しやすく，失敗しても傷つきにくい仲間入りの方法についても教えます。

また，高学年では，仲間に入る前に少しその集団を観察することによって，活動についての情報を集めるようアドバイスをします。また，仲間に入った後は質問によって情報を集めるような声かけをするなど，うまく活動や会話に入っていけるような行動についても考えさせるとよいでしょう。

評価の観点と事後指導

【評価の観点】　自分らしい言葉や態度で，仲間入りができたか。
【事後指導】　日頃の遊びや会話の中で，適切に仲間に入るスキルを使うよう促す。

指導案

	学習活動・主な発問と予想される子どもの発言	指導上の留意点
導入	■前回の授業のふり返りと授業のルールの確認を行う。 【インストラクション】 ■「友達が楽しそうに遊んだり話したりしている時、仲間に入りたくなることがあると思います。でも、声をかける勇気が出ないことや、声をかけてもうまく入れてもらえないことはありませんか。上手に仲間に入るには、どうしたらよいかを考えてみましょう」	○授業の基本を確認する。 ○仲間に入るスキルを使う場面について説明し、授業への参加意欲を高める。
展開	【モデリング】 ■相手に伝わるような言葉を考える。 「もし、仲間に入りたい気持ちをこんなふうに伝えたら、どうなるでしょうか。仲間に入れてもらえるかどうかを、見てみましょう」 モデル1：仲間に入れる側の子ども役が2人で本を読んでいるところに、入れてもらう側の子ども役がくる。(入れてもらう側の子ども役は教師が、入れる側の子ども役は代表の子ども2人がやる) ①誇示：入れてほしい気持ちを伝えず、周りをうろうろする。 「明日、○○に行くんだ。いいでしょう」「……(無視)」 ②許可：入れてほしい気持ちを、言葉ではっきり伝える。 「ねえ、ぼく(わたし)にも見せて」「いいよ」 ③質問：入れてほしい気持ちははっきり伝えないが、質問する。 「ねえ、何見てるの？」「○○っていう本だよ」 ■相手に伝わるよう、態度を工夫する。 「どんな態度だと、仲間に入りたい気持ちが伝わりやすいでしょうか」 モデル2：モデル1と同様の状況で「仲間に入れて」と言う。 ①不適切な態度：小さな声、顔は無表情、相手の遠くで ②適切な態度：聞こえる音量の声、顔はほほ笑み、相手の近くで 〈スキルのポイント〉 ①言葉で伝える(例：「入れて」「一緒に遊ぼう」「何やってるの」) ②言葉以外の態度にも気をつける(例：声は大きく、顔は笑顔、相手に近づいて) 【リハーサル】&【仲間からのフィードバック】 ■4人1組のグループをつくり、モデル1のような設定で仲間入りが成功する場面を交替で演じる。 ■全員が演じた後、よかった点について、言葉と表情・態度に分けて話し合ってみる。 ■仲間入りできなかった時の対処行動について示唆しておく。	○それぞれの行動を比べて、仲間入りが一番うまくいくと思う行動と理由をワークシートの1に書かせ、意見を出させる。 ○中・高学年：③のように、質問など自然なかたちで自分の興味を示して仲間入りする方法も効果的であることを説明する。 ○自分らしい声かけにはどんなものがあるか、自由に発想させてワークシートの2に書かせ、意見を出させる。 ○非言語的態度に注目させながら、ワークシートの3に記入させる。 ○低学年：着目点を1つずつ伝えながら、モデリングを繰り返す。 ○〈スキルのポイント〉について、具体的な例をあげながら説明する。 ○ワークシートの4に記入する。 ○低学年：声の大きさが適切であれば、笑顔をつくれなくてもよい。 ○ワークシートの5に丸をつけさせる。(全て正解)
終末	【教師からのフィードバック】 ■「仲間に入る工夫をすることで、うまく一緒に遊べることがわかりましたね。また、仲間に入りたい子がいたら気持ちよく入れてあげることも、みんなが仲良くしていくために必要なことです」 【チャレンジ】 ■日常生活の中でスキルのポイントを意識して、実践してみる。	○相手を気持ちよく仲間に入れることも、よりよい人間関係づくりには大事であることを伝えておきたい。 ○気楽に仲間入りしてみるよう促したい。

ワークシート

氏名（　　　　　　　　　　）

仲間に入るスキル

1　仲間に入りたい時，気持ちをどう伝えたらよいでしょうか？

一番よいと思ったのは，（　　　）番です。 なぜなら，_____です。

2　仲間に入りたい時，あなたなら，どのように言いますか？

3　どちらの態度(たいど)の方が，相手に気持ちが伝わると思いますか？　○をつけましょう。

声の大きさ	① ・ ②
表情(ひょうじょう)	① ・ ②
相手との距離	① ・ ②

【スキルのポイント】
①仲間に入りたい気持ちを言葉で伝える
②言葉以外の態度(たいど)にも気をつける
　（大きい声，笑顔，相手の近くで）

4　「仲間に入るスキル」を使っている友達を見て，よかったところを書きましょう。

（　　　　　　）さんのよかったところは，_____ （　　　　　　）さんのよかったところは，_____ （　　　　　　）さんのよかったところは，_____

5　もし，仲間に入れてもらえなかった時は，どうしたらよいでしょうか。
　　よいと思うものに○をつけましょう（いくつでも）。

（　）もう1回だけ言ってみる	（　）どうしてダメなのか，聞く
（　）他の友達を探す	（　）大人に相談する
（　）他の楽しいことをする	（　）その他（自由に書いてください）

ふり返りシート

氏名（　　　　　　　　　　　）

【仲間に入るスキルのポイント】
①仲間に入りたい気持ちを言葉で伝える
②言葉以外の態度(たいど)にも気をつける（大きい声，笑顔，相手の近くで）

1　今回の授業でとりあげたスキルは「仲間に入るスキル」でした。
　　今日の授業をふり返ってみましょう。

	もう少し → できた				
①前回学んだスキルをふり返ることができた	1	2	3	4	5
②今回の授業でやったことがわかった	1	2	3	4	5
③手をあげて発表したり，グループで自分の考えを話したりすることができた	1	2	3	4	5
④学んだスキルを学校や家でやってみようと思う	1	2	3	4	5

2　なぜ「仲間に入るスキル」は大切なのだと思いますか。あなたの考えを書いてください。

3　今回の授業を通して学んだこと，思ったことなどを自由に書いてください。

練習で君もスキル名人！

氏名（　　　　　　　　　　　　）

チャレンジシート

【仲間に入るスキルのポイント】
①仲間に入りたい気持ちを言葉で伝える
②言葉以外の態度(たいど)にも気をつける（大きい声，笑顔，相手の近くで）

1　学んだスキルを生活の中でどのくらい生かすことができましたか。①〜③についてふり返り，「よくできた時は○」「ときどきできた時は△」「できなかった時は×」をつけましょう。

（　　　）月（　　　）日から（　　　）月（　　　）日まで

仲間に入るスキル	月	火	水	木	金	土	日
①仲間に入りたい気持ちを，言葉で伝えることができた							
②仲間に入りたい気持ちを伝える時，言葉以外の態度(たいど)にも気をつけることができた							
③うまく仲間に入れなかった時も，怒ったり落ち込んだりせず，次のことをすることができた							

2　「仲間に入るスキル」を上手に使えた，うまくいった，と思うできごとを１つ書いてみましょう。

いつ？＿＿＿＿＿＿＿＿＿＿＿＿＿＿＿＿＿＿＿＿＿＿＿＿＿＿＿＿＿＿＿＿＿

どこで？＿＿＿＿＿＿＿＿＿＿＿＿＿＿＿＿＿＿＿＿＿＿＿＿＿＿＿＿＿＿＿＿

誰に？＿＿＿＿＿＿＿＿＿＿＿＿＿＿＿＿＿＿＿＿＿＿＿＿＿＿＿＿＿＿＿＿＿

なんて言った？＿＿＿＿＿＿＿＿＿＿＿＿＿＿＿＿＿＿＿＿＿＿＿＿＿＿＿＿

どんな態度(たいど)で？（声・表情(ひょうじょう)など）＿＿＿＿＿＿＿＿＿＿＿＿＿＿＿＿＿＿＿＿

↓

そうしたらどうなった？＿＿＿＿＿＿＿＿＿＿＿＿＿＿＿＿＿＿＿＿＿＿＿

スキル8 あやまるスキル
素直にあやまって許してもらおう

このスキルのテーマ〜主題設定の理由〜

「悪いことをしたらあやまらなければならない」という規範意識は、幼児期から親や保育者によって繰り返し言い聞かせられることで、身についているはずです。謝罪には、相手の怒りをやわらげる、許しを得る、周囲からの罰を回避するなどの効果があります。しかし、実際には謝罪が必要とされる場面でも、あやまることができない子や、相手をより怒らせるようなあやまり方をしてしまう子、あやまってもまた同じことを繰り返してしまう子がいます。

相手に許される誠実な謝罪をするには、罪悪感をもつこと（悪いことをしたと思うこと）が必要です。まずは、相手の悲しみや怒りの感情を適切に読み取ることが求められます。

また、罪悪感はもっていても、反省の気持ちをうまく言葉にできない、相手に許されるかわからないなど、自己表現や関係修復に対する不安が、適切な謝罪行動を妨げる要因になっています。

この授業では、相手に許されるためのあやまり方として、相手の感情を適切に読み取り、言葉や態度を通して謝罪と反省の気持ちを表現することを教えます。

インストラクションの板書例

```
あやまるスキル                    【授業のルール】
・なぜあやまるのか                 ・じゃましない
・反省の気持ちを伝えるには         ・はずかしがらない
  反省＝悪かったところを直そうとすること  ・ひやかさない
                                   ・積極的に参加する
【伝え方のポイント】               ・グループでの話し合いを
①「ごめんね」とあやまる言葉を言う    大切にする
②反省の気持ちを伝える
③言葉以外の、表情・身ぶり手ぶり・声の大きさなど
  にも気をつける
```

授業中、そのまま残しておく、消さない板書 ／ 子どもの意見を書いたり、写真を貼ったりする板書

ねらい

　自分が失敗したり，周りに迷惑をかけたり，相手を傷つけたりした時に，なぜあやまらなければならないのかを，相手の不快感情（怒り・悲しみ）の読み取りを通して理解させ，素直にあやまることの必要性への気づきを高めます。

　また，①自分が悪かったと認める，②罪悪感を伝える，③よくない点を直すことやかわりになることを約束するなど，言語化のポイントを取り入れると同時に，表情や身ぶりなどの非言語的態度も工夫し，反省の気持ちを伝えることの重要性（必要性）を学びます。

本スキルの取り扱いポイント

(1) 本スキルの取り扱い

　第1の着眼点は，「なぜあやまるのか」という謝罪行動の意義について考えさせることです。モデリングを行うことで，あやまった時とあやまらない時の結果の違いを，謝罪される側の感情（表情や態度）に注目させながら気づかせます。

　第2の着眼点は，「『反省している』という気持ちが伝わるあやまり方」の工夫です。ポイントを参考に自分らしい言葉を考えさせ，表情や身ぶり（非言語的態度）に気をつけながらリハーサルをさせます。また，謝罪される側にまわった時にも，「反省している」という気持ちが伝わったポイントをワークシートに書き出すことでモデル学習を促します。

(2) この時間での工夫

　あやまることで自尊心が傷つくと感じてしまい，謝罪行動に抵抗感がある子も少なくありません。授業の最初にアイスブレーキングなどを行い，リラックスしたふざけすぎない雰囲気を保つよう心がけます。また，相手の気持ちをやわらげて関係調整をするという，謝罪の意義を丁寧に確認してからはじめることも大事です。

　それでもうまく気持ちを表明できない子がいる場合には，「ちょっとはずかしい気持ちになるかもしれないね」と共感を示しながら，「難しい時は，『ごめんね』だけでも，頭を下げるだけでもいいんだよ」と，言語・非言語のできる範囲でリハーサルに取り組むことを促し，誠実な謝罪行動につなげましょう。

評価の観点と事後指導

【評価の観点】　謝罪される側の気持ちの変化を捉えられたか。
　　　　　　　自分らしい言葉や態度で謝罪ができたか。
【事後指導】　学校や家庭での生活の中で，誠実に謝罪できた体験について発表させ称賛する。

指導案

	学習活動・主な発問と予想される子どもの発言	指導上の留意点
導入	■前回の授業のふり返りと授業のルールの確認を行う。 【インストラクション】 ■「自分が失敗したり，周りに迷惑をかけたり，相手を傷つけたりした時に，あやまる方がよいというルールはみんなも知っていますね。でも，わかっていてもなかなかうまくあやまれないことがありませんか」	○授業の基本を確認する。 ○誰にでも素直にあやまりたくない気持ちや，うまくあやまれないことがあること，そのために「あやまるスキル」を学ぶことに言及する
展開	【モノローグ】 ■相手にあやまれなかった教師の失敗体験を話す。 【モデリング】 ■相手の不快感情に気づかせる。 「なぜあやまる方がよいのでしょうか。あやまらなかった時とあやまった時で，それぞれ相手がどう思うかを見てみましょう」 モデル1：相手に渡そうとしたプリントを，落として踏んづけた場合。 　　　　（あやまる子ども役を教師がやり，あやまられる子ども役を代表の子どもにやってもらう） ①（あやまらなかった時）：「あ，踏んじゃった（拾って手渡す）」「……」 ②（あやまった時）　　　：「（拾ってゴミをはらって手渡しながら）プリントを踏んじゃってごめんね」「いいよ」 ■言葉や態度を工夫する。 「どんなあやまり方をしたら，許してもらいやすいかを考えてみましょう」 モデル2：待ち合わせの約束に30分遅れた場合。 ①（丁寧でない態度）：「あ，ごめーん。ちょっと遅れちゃった」と笑いながら小声でそっぽを向いて言う。 ②（丁寧な態度）　　：「ごめんね。30分も遅れて悪かったよ。次は間に合うようにくるね」と真顔で相手の顔を見て大きな声で言う。 〈伝え方のポイント〉 ①あやまる言葉を言う。（よい例：「ごめんね」「すみません」） ②反省の気持ちを伝える。（よい例：「自分のせい」「自分が悪かった」と言う，次からは気をつける・かわりに〜するねと約束する） ③言葉以外の態度にも気をつける。（悪い例：表情はにやにや笑顔，声が小さい，頭のうしろで腕を組むなどの身ぶり手ぶり） 【リハーサル】&【仲間からのフィードバック】 ■グループで，モデル1やモデル2のような場面を設定し，交替で演じる。 ■全員が演じた後，よかった点について，言葉と表情・態度に分けて話し合ってみる。	○謝罪しないことで，相手の感情や相手との人間関係を損なってしまった話をし，次のモデリングにつなげる。 ○謝罪の結果としての相手の感情に目を向けるように促す。 ○あやまった時とあやまらなかった時を比べて，相手はどんな気持ちになるかを，ワークシートに書かせて，意見を出させる。 ○相手の気持ちをやわらげ，仲良くつきあっていくために謝罪をすることに気づかせる。 ○丁寧にあやまった時と丁寧でなかった時を比べ，あやまられた方はどんな気持ちになるか，言葉と表情・態度の面でどう違うかを，ワークシートに書かせて，意見を出させる。 ○〈伝え方のポイント〉について，具体的によい例・悪い例をいくつかあげながら説明する。 ○よりよい謝罪の仕方にはどんなものがあるか，子どもに自由に意見を出させる。 ○高学年：表情や身ぶり，声の大きさなどの，非言語的態度で伝わるメッセージについても，積極的に考えさせる。
終末	【教師からのフィードバック】 ■「反省の気持ちを伝える工夫をすることで，相手に許してもらいやすいことがわかりました。もし相手を怒らせてしまっても，今日のようにきちんとあやまれば，また仲良くつきあっていくことができます」 【チャレンジ】 ■学校や家庭での生活の中でスキルを使うことを促す。	○人間関係の修復のために必要なスキルであることを再確認する。 ○ぶつかった，約束を忘れた，つい嫌なことを言ったなど，よくある場面を例としてあげる。

ワークシート

氏名（　　　　　　　　　　）

あやまるスキル

1　それぞれの時，相手はどんな気持ちになると思いますか？

| ①あやまらなかった時→_____ |
| ②あやまった時　　　→_____ |

2　それぞれのあやまり方をされた時，相手はどんな気持ちになると思いますか？

| ①のあやまり方の時→_____ |
| ②のあやまり方の時→_____ |

3　どちらのあやまり方がよいか比べて，違いを考えましょう。

	どちらかに○	どこがどう違いますか？
あやまる言葉を，きちんと言えているのはどちらですか？	①　・　②	
反省の気持ちを，言えているのはどちらですか？	①　・　②	
反省の気持ちが，伝わる態度なのは，どちらですか？	①　・　②	

【伝え方のポイント】
①あやまる言葉を言う（「ごめんね」「すみませんでした」）
②反省の気持ちを伝える（「自分のせい」「自分が悪かった」と言う，次からは気をつける・かわりに〜するねと約束するなど）
③言葉以外の態度にも気をつける（表情，身ぶり手ぶり，声の大きさなど）

4　「あやまるスキル」を使っている友達を見て，よかったところを書きましょう。

| （　　　　　　　）さんのよかったところは，_____ |
| （　　　　　　　）さんのよかったところは，_____ |
| （　　　　　　　）さんのよかったところは，_____ |

2章　これだけは，徹底したいターゲットスキル

ふり返りシート

氏名（　　　　　　　　　　　　）

1　今回の授業でとりあげたスキルは「あやまるスキル」でした。
　　今日の授業をふり返ってみましょう。

	もう少し　→　できた				
①前回学んだスキルをふり返ることができた	1	2	3	4	5
②今回の授業でやったことがわかった	1	2	3	4	5
③手をあげて発表したり，グループで自分の考えを話したりすることができた	1	2	3	4	5
④学んだスキルを学校や家でやってみようと思う	1	2	3	4	5

2　なぜ「あやまるスキル」は大切なのだと思いますか。あなたの考えを書いてください。

3　今回の授業を通して学んだこと，思ったことなどを自由に書いてください。

練習で君もスキル名人！

氏名（　　　　　　　　　　　　　）

チャレンジシート

【あやまるスキル（伝え方）のポイント】
①あやまる言葉を言う（「ごめんね」「すみませんでした」）
②反省の気持ちを伝える（「自分のせい」「自分が悪かった」と言う，次からは気をつける・かわりに〜するねと約束するなど）
③言葉以外の態度にも気をつける（表情，身ぶり手ぶり，声の大きさなど）

1　学んだスキルを生活の中でどのくらい生かすことができましたか。①〜③についてふり返り，「よくできた時は○」「ときどきできた時は△」「できなかった時は×」をつけましょう。

あやまるスキル	月　日	月　日	月　日	月　日
①「ごめんね」や「すみませんでした」など，あやまる言葉を言えた				
②反省の気持ちを，言葉で伝えられた				
③言葉以外の態度にも気をつけて，あやまることができた				

2　「あやまるスキル」を上手に使えた，うまくいった，と思うできごとを１つ書いてみましょう。

いつ？＿＿＿＿＿＿＿＿＿＿＿＿＿＿＿＿＿＿＿＿＿＿＿＿＿＿＿＿＿＿
どこで？＿＿＿＿＿＿＿＿＿＿＿＿＿＿＿＿＿＿＿＿＿＿＿＿＿＿＿＿＿
誰に？＿＿＿＿＿＿＿＿＿＿＿＿＿＿＿＿＿＿＿＿＿＿＿＿＿＿＿＿＿＿
なんて言った？＿＿＿＿＿＿＿＿＿＿＿＿＿＿＿＿＿＿＿＿＿＿＿＿＿
どんな態度で？（声・表情など）＿＿＿＿＿＿＿＿＿＿＿＿＿＿＿＿＿
↓
そうしたらどうなった？＿＿＿＿＿＿＿＿＿＿＿＿＿＿＿＿＿＿＿＿＿

スキル9 上手に断るスキル

相手を傷つけずに伝えてみよう

このスキルのテーマ～主題設定の理由～

　引き受けることが難しいことを頼まれた時，気がのらない遊びに誘われた時，断ったら相手に申し訳ないと思う気持ちや，断ってはいけないのではないかといった心配から，つい無理をして相手に合わせてしまうことがあります。一方で，なぜ引き受けられないのかを説明せず，無理だということだけを伝えても，相手を傷つけてしまうかもしれません。

　まず，誰にでも頼みごとや誘いを断る権利があるということを理解しましょう。頼みごとや誘いを受け入れることと断ること，どちらが自分の本心に近いかを考えます。しかし，伝え方には工夫が必要です。相手を傷つける断り方をしないために，上手な断り方のポイントを使いましょう。また，相手との関係を大切にするために，代替案を伝えられるとさらによいでしょう。

　相手の気持ちと自分の気持ち，どちらも大切にできる断り方を身につけていきましょう。

インストラクションの板書例

```
上手に断るスキル
上手な「断り方」を身につけよう
      【断り方を比べてみよう】
①ジャイアン    ②のび太      ③しずかちゃん
 (攻撃的)     (非主張的)    (自他尊重的)

〈ポイント〉
①相手の目を見て，聞こえるように伝える
②断ることをはっきりと伝える
③「ごめんね」という謝罪を伝える
④理由を説明する
```

【授業のルール】
・じゃましない
・はずかしがらない
・ひやかさない
・積極的に参加する
・グループでの話し合いを大切にする

（吹き出し）具体的な例（例：ドラえもん）を用いて説明するとわかりやすい
順番は変わってもかまわないと伝える
高学年であれば，「⑤他の方法を提案する」を加えてもよい

（吹き出し）子どもの意見を書く

ねらい

　誰もが，相手の頼みごとや誘いを断る権利をもっているということを理解しましょう。どちらが自分の本心に近いかをよく考え，引き受けるのか，断るのかを決めます。「①声の大きさや目線，②意思表示，③謝罪，④理由の説明」の4つのポイントを押さえることで，相手を傷つけずに自分の気持ちをはっきりと伝えられるということを理解します。また，高学年であれば，「⑤他の方法の提案」をつけ加えてもよいでしょう。上手な断り方を知ることで，相手の気持ちも自分の気持ちも，どちらも大切にできるということを学びましょう。

本スキルの取り扱いポイント

(1) 本スキルの取り扱い

　人に何かを頼まれた時や遊びに誘われた時，相手の気持ちを受け止めつつ，自分がどのようにしたいかをよく考えた上で，引き受けるか，または，断るかを決めることが大切です。

　第1の着眼点は，「攻撃的，非主張的，自他尊重的（主張的）」という大きく分けて3種類の断り方があることを学ぶことです。子どもたちが想像しやすい身近なキャラクターを例に出して説明すると伝わりやすいでしょう。場面を設定し，「ジャイアンの断り方，のび太の断り方，しずかちゃんの断り方」を見せて，子どもたちにどのように感じたかを問いかけます。

　第2の着眼点は，相手も自分も大切にできる断り方を学ぶことです。そのポイントは，①相手の目を見て，聞こえるように伝える，②断ることをはっきりと伝える，③「ごめんね」という謝罪を伝える，④理由を説明する，(⑤他の方法を提案する）の4つ（または5つ）です。

(2) この時間での工夫

　具体的な場面を思い浮かべながら，自分の感情だけを伝えて攻撃的に断った時，相手の要求を断れなかった時，上手に断った時のそれぞれについて，その時の相手と自分の感情がどのようなものかを想像するよう促すことができるとよいでしょう。感情に焦点をあてた問いかけや促しをすることで，相手も自分も尊重することの大切さを理解できるようにしましょう。

評価の観点と事後指導

【評価の観点】　自分がどのように断るか考え，断る時に大切なポイントを使って伝えられたか。3種類の断り方を見て，頼む・誘う方の気持ちと自分の気持ちを想像して伝えられたか。

【事後指導】　上手な断り方のポイント4つ（または5つ）を教室に掲示し，ふり返りの時間を設ける。

指導案

	学習活動・主な発問と予想される子どもの発言	指導上の留意点
導入	1　前回の授業のふり返りと授業のルールの確認を行う。 2　学習への興味・関心を高める。 ■「Aさんは，Bさんに『帰ったら一緒に遊ぼうよ』と誘われました。しかし，今日は家でゆっくり本を読もうと考えていました。こんな時，あなたならどうしますか？」	○授業の基本を確認する。 ○身近で具体的なシチュエーションを想像できるようにする。
展開	【インストラクション】 ■自分の気持ちについて考える。 「こんな時，あなたはどう思いますか？」 ・どうしようと困ってしまう。 ・他の用事があるのではないから断りにくい。 ・後で何か言われたら嫌だなと思う。 【モデリング】 ■3種類の断り方を見て。どこが悪いか，よいかを考える。 「例えばこんな時，この人たちならどう断るでしょう」 〈悪い例〉 　攻撃的　：ジャイアンタイプ 　非主張的：のび太タイプ →子どもにどこが悪いか問いかけ，発表させる。 　・ジャイアンは相手を，のび太は自分を大事にしていない。 「相手も自分も大切にできる，上手な断り方を学びましょう」 〈よい例〉 　自他尊重的：しずかちゃんタイプ →子どもにどこがよかったか問いかけ，発表させる。 ■上手な断り方の4つ（5つ）のポイントを整理する。 ①相手の目を見て，聞こえるように伝える ②断ることをはっきりと伝える ③「ごめんね」という謝罪を伝える ④理由を説明する （⑤他の方法を提案をする） 【リハーサル】&【仲間からのフィードバック】 ■ペアワークで上手な断り方をやってみる。 →やってみた感想を，ワークシートに書き込む。	○どんな気持ちになるか考えさせる。 ○教師の体験談を交えながら話してもよい。 ○絵などを用いながらだとわかりやすい。 ○自分が言われたらどう思うか，気持ちに焦点をあてながら考える。 ○子どもからの意見や感想を交えながら，ポイントを説明する。 ○相手の気持ちと自分の気持ち，両方を考えるよう促す。
終末	【教師からのフィードバック】 ■感想を発表させる。実践に生かす意識づけをする。 「断ることはよくないことではありません。今日学んだ上手な断り方を使って，相手も自分も大切にできる断り方をしていきましょう」 【チャレンジ】 ■日常生活へつなげる。 「これから1週間，意識して『上手な断り方』をやってみましょう。できたらチャレンジシートに書き込んでみましょう」などと促す。	○感想を肯定的に受け止める。 ○普段の生活でも生かすことができることを共有する。 ○日常のどの場面も練習の場となることを伝える。

ワークシート

氏名（　　　　　　　　　　　　　）

上手に断るスキル

1　3つの断り方を比べてみましょう。

　Aさんは，Bさんに「帰ったら一緒に遊ぼうよ」と誘われました。

　しかし，今日は家でゆっくり本を読もうと考えていました。こんな時，あなたならどうしますか？

【断り方①：ジャイアンタイプ】 B「帰ったら一緒に遊ぼうよ」 A「遊ばない」 B「いいじゃん，遊ぼうよ」 A「しつこいな。遊ばないって言っているでしょ」	Aさん・Bさんはそれぞれどんな気持ちになるかな？ Aさん： Bさん：
【断り方②：のび太タイプ】 B「帰ったら一緒に遊ぼうよ」 A「あ，うーん……えーっと」 B「いいじゃん，遊ぼうよ」 A「あ，でも……」	Aさん・Bさんはそれぞれどんな気持ちになるかな？ Aさん： Bさん：
【断り方③：しずかちゃんタイプ】 B「帰ったら一緒に遊ぼうよ」 A「ごめん。今日は家で読みたい本があるんだ。だから今日は遊べない。また誘ってくれる？」 B「わかった。じゃあまた今度ね」	Aさん・Bさんはそれぞれどんな気持ちになるかな？ Aさん： Bさん：

2　上手な断り方のポイント

①相手の目を見て，聞こえるように伝える　　②断ることをはっきりと伝える ③「ごめんね」という謝罪を伝える　　　　　④理由を説明する ◆できたらすごい！　⑤他の方法を提案する

3　「上手な断り方」をやってみた感想を書いてみましょう。

ふり返りシート

氏名（　　　　　　　　　　　　）

1　今回の授業でとりあげたスキルは「上手に断るスキル」でした。
　　今日の授業をふり返ってみましょう。

	もう少し　　→　　できた				
①前回学んだスキルを確認することができた	1	2	3	4	5
②今回の授業の内容について理解できた	1	2	3	4	5
③今回の授業に積極的に参加できた	1	2	3	4	5
④学んだスキルを積極的に生活に取り入れてみようと思う	1	2	3	4	5

2　なぜ「上手に断るスキル」は大切なのだと思いますか。あなたの考えを書いてください。

3　今回の授業を通して学んだこと，思ったことなどを自由に書いてください。

練習で君もスキル名人！

氏名（　　　　　　　　　　　）

チャレンジシート

1　学んだスキルを生活の中でどのくらい生かすことができましたか。
　①～④についてふり返り，「よくできた時は○」「ときどきできた時は△」「できなかった時は×」をつけましょう。

　　　　（　　）月（　　）日から（　　）月（　　）日まで

上手に断るスキル	月	火	水	木	金	土	日
①相手の目を見て，聞こえる声で話せた							
②相手のことを考えて，丁寧にあやまることができた							
③理由をきちんと伝えて断ることができた							
④自分の気持ちをはっきりと伝えることができた							
①～④の他に「上手に断る」ことだなと思うものがあれば⑤⑥に書き加えてみましょう							
⑤							
⑥							

2　「上手に断るスキル」で，上手に断れたのは，具体的にどのような場面でしたか。

3　「上手に断るスキル」を，練習してみた感想や，気づきを書いてみましょう。

スキル10 相手に気持ちを伝えるスキル
友達とのトラブルを防ごう

このスキルのテーマ～主題設定の理由～

　子どもたちは，子ども同士の関係の中で，様々なやりとりを通して相手を理解し，よりよい人間関係の在り方を学ぶものです。しかし，その中で，自分の気持ちを表現できなかったり，相手にうまく伝えられなかったりするために，「やめてほしいのにやめてくれない」といったトラブルも起こりやすいものです。相手の言動を「嫌だな」と感じた時，きちんと相手にわかってもらえるような伝え方をすることで，トラブルを予防したり，早期解決したりすることができます。

　また，気持ちを伝えられた子どもも，相手の気持ちをうまく受け止められず，適切な行動ができないことがあります。気持ちを伝えられた場合には，まずは相手の気持ちを受け止めて，どのように言葉を返したらよいのかもあわせて考えていくことが大切です。

　自分の思いを適切に相手に伝え，相手もその思いを適切に受け止めることが，お互いに理解し合い，安心感をもてる関係を築くことにつながります。

インストラクションの板書例

```
相手に気持ちを伝えるスキル              【授業のルール】
相手に自分の気持ちを伝えよう            ・じゃましない
 自分が嫌なことを言われたら（されたら）？  ・はずかしがらない
 もし伝えることができたら？              ・ひやかさない
   《感情面のメリットを記入する》  子どもの意見  ・積極的に参加する
                              を記入する    ・グループでの話し合いを
【相手に気持ちを伝える時のポイント】               大切にする
・はっきりと
・伝えたい言葉を短くまとめて
・相手を見て，相手に体を向けて伝える
```

子どもが発表した意見や考えを記入する
消さずに残しておくとよい

授業のルールを提示し，注意を促す時はルールにしたがって確認を行うとよい
伝え方の具体例を示してもよい

ねらい

　友達と良好な人間関係を築く上で，自分の気持ちをきちんと相手に理解してもらうためには，がまんしてその場をやり過ごすのではなく，相手に理解してもらえるように伝えることが大切です。してほしくないことを「具体的に」，自分の感情を「できるだけ短い言葉で」伝えられるようにすることをねらいとします。また，伝えられた側は，まずは「気持ちを受け止める言葉」を伝えられるようにします。

本スキルの取り扱いポイント

(1) 本スキルの取り扱い

　第1の着眼点は，スキルを繰り返し練習することで，相手に自分の気持ちを伝えることのハードルを下げることです。子どもたちが，自分がしてほしいこと，してほしくないことを伝えることができないのは，自分の気持ちを相手に伝える経験が少なく，うまく言葉にできなかったり，伝える勇気がもてなかったりするからだと考えられるからです。

　第2の着眼点は，相手の気持ちを受け取り，自分の気持ちを適切に伝えることで良好な関係を築くスキルを高めることです。伝える側だけでなく，「真剣な気持ちを受け取る」といった相手側のスキルも重要になります。相手が真剣に伝えていることに対して，逆ギレして暴力をふるうといった間違った返し方をしてしまうと，別の新たなトラブルに発展する可能性があるからです。

(2) この時間での工夫

　中学年頃に相手に自分の気持ちをうまく伝えられない理由として，そもそもどう言ったらよいのかわからないということがあげられます。まずは，導入の際に，教師が日常でよく見かけるやりとりを例に出すなどして，「言いたいけれど言えないもどかしさ」を子どもに考えさせてみてもよいでしょう。できるだけ具体的な言葉で，はっきり伝えることで，相手に気持ちが伝わることを実感させ，その時の気持ちを取り上げてみるのもよいでしょう。

評価の観点と事後指導

【評価の観点】　相手に自分の気持ちを伝えることの大切さ，伝える時のポイントを理解できたか。

【事後指導】　生活の中で，自分の気持ちを伝えることができた体験を，学級活動の時間や帰りの会などで発表する場を設けて，生活の中での定着をめざす。

指導案

	学習活動・主な発問と予想される子どもの発言	指導上の留意点
導入	■日常生活で起こりがちなトラブルの場面の例を聴く。 　（例：やめてほしいのにやめてくれない場面など） ■ソーシャルスキルの紹介をする。 　「こんな時、ソーシャルスキルを使うと、自分も相手もお互いの気持ちを理解しやすくなります」	○子どもが自分のこととして考えられるように，身近な出来事を取り上げたい。 ○ソーシャルスキルへの興味・関心につなげる。 ○ここでは例の内容などには深入りしない。
展開	【インストラクション】 ■「相手に自分の気持ちを伝える」ことについて考える。 　「自分が嫌なことを言われたら（されたら）どうするだろう？」 　・やめてほしいことを伝える。　・嫌だけど何も言えない。 　・何も言わない。　・先生に話す。 　「もし自分の気持ちをうまく伝えられたらどんな気持ちだろう？」 　・うれしい。　・安心する。　・スッキリする。 ■今日のスキルを紹介する。 　「思っていても言葉に表せない気持ちがあります。自分の気持ちを言葉や態度で伝えることができれば，友達と気持ちよく過ごせます。どのようにして伝えれば相手にわかってもらえるかな？」 　・何が嫌か，どうしてほしいかを「はっきりと」「伝えたい言葉を短くまとめて」「相手を見て」「相手に体を向けて」伝える。 【モデリング】 ■「嫌なことを言われ，やめてほしいのにやめてくれない」場面を2例見せ，どうすれば相手がわかってくれるか考える。 　悪い例：相手を見ずに下を向いて黙っている。暴力・暴言で返す。 　よい例：相手をじっと見て，はっきりと「○○って言わないで。すごく悲しい，もう言わないで」など，してほしくないことや自分の気持ちを伝える。 ■2つの例にどのような違いがあるか考える。 【リハーサル】＆【仲間からのフィードバック】 ■グループ内で自分の気持ちの伝え方と相手の気持ちの受け止め方を練習する。 ■よかった点，こうすればもっと相手に伝わる点について話し合う。	○子ども自身に考えさせることによって，相手に気持ちを伝えることへの動機づけとしたい。 ○教師自身の体験談を語るなど，子どもが答えた内容に共感しながら進める。 ○ポイントを黒板に示し，より注意を向けさせる。 ○ポイントを具体的に示すことで，子どもがスキルに取り組む意欲づけになるようにしたい。 ○モデリングに入る前に，授業のルールを提示し，子どもに理解させておく。 ○相手が真剣に気持ちを伝えてきた時，どう答えたらよいかも考えさせたい。素直に受け止める言葉を導き出したい。（「ごめんね」「わかった」など） ○子どもが答えたよい例・悪い例を板書する。 ○子どもが考えたことを発表させてもよい。 ○ワークシートを使い，他の人の意見を記録しておくようにさせる。 ○グループ内で役割を交替しながら，両方の立場を練習できるように配慮する。
終末	【教師からのフィードバック】 ■活動をふり返り，感じたことをグループごとに発表する。 ■自分の気持ちを伝えることのよさや大切さについて，教師の話を聴く。 【チャレンジ】 ■日常生活で，ポイントに気をつけて自分の気持ちを伝えたり，受け止めたりして，お互いを理解し合えるよさを実感できるようにする。	○発表する子どもを事前にグループ内で決めておくようにする。 ○相手に気持ちを伝えるスキルを学ぶことを通して，お互いを理解することができ，気持ちよく生活できることに気づかせたい。 ○学級活動や帰りの会などで，折にふれて声をかけ，スキルの般化を支援していく。

ワークシート

氏名（　　　　　　　　　　　）

相手に気持ちを伝えるスキル

【相手に気持ちを伝える時のポイント】
◆「はっきりと」
◆「してほしくないこと」「してほしいこと」を「できるだけ短い言葉で」
◆「相手を見て」「相手に体を向けて」
　相手が伝えてきた気持ちは「笑わずに」「はずかしがらずに」聞く

1　「嫌なことを言われ，やめてほしいのにやめてくれない」場面で，「自分の気持ちを伝える」「相手の気持ちを受け取る」練習をしましょう。

2　練習をして，うまくできたところと，こうすればもっとよくなるところを書きましょう。

◆うまくできたところ

【自分が伝える時】

【相手の気持ちを受け取る時】

◆こうすればもっとよくなるところ

【自分が伝える時】

【相手の気持ちを受け取る時】

ふり返りシート

氏名（　　　　　　　　　　　）

1　今日は「相手に気持ちを伝えるスキル」を考えました。
　　今日の授業の取り組みをふり返ってみましょう。

	もう少し → できた				
①授業のルールを守って取り組めた	1	2	3	4	5
②今日学んだスキルをどんな時に使ったらよいかわかった	1	2	3	4	5
③今日の授業に積極的に参加できた	1	2	3	4	5
④学んだスキルを生活に取り入れてみようと思う	1	2	3	4	5

2　「相手に気持ちを伝えるスキル」はどうして大切なのだと思いますか。
　　あなたが考えたことを書きましょう。

3　今日の授業をふり返って，学んだことや思ったことなどを自由に書きましょう。

練習で君もスキル名人！

氏名（　　　　　　　　　　　）

チャレンジシート

1　「相手に気持ちを伝えるスキル」を生活の中でどのくらいできましたか。
　①～⑤についてふり返り，「よくできた時は○」「ときどきできた時は△」「できなかった時は×」をつけましょう。

　　　　（　　　）月（　　　）日から（　　　）月（　　　）日まで

相手に気持ちを伝えるスキル	月	火	水	木	金	土	日
①自分の気持ちを「はっきりと」伝えることができた							
②「してほしくないこと」「してほしいこと」を言葉で伝えることができた							
③自分の気持ちを「相手を見て」伝えることができた							
④相手が伝えてきた気持ちを「笑わずに」聞くことができた							
⑤相手が伝えてきた気持ちを「はずかしがらずに」聞くことができた							

2　「相手に気持ちを伝えるスキル」が上手にできたと思えたのは，どんな場面だったか書きましょう。

3　「相手に気持ちを伝えるスキル」を練習して，感じたことや思ったことを書きましょう。

2章　これだけは，徹底したいターゲットスキル

スキル11 困っている時に助けを求めるスキル
SOSのサインを出そう

このスキルのテーマ〜主題設定の理由〜

　学校生活を送っている中で，子ども1人では，問題解決が難しい場面に遭遇した時に，他の子どもの援助を得たり，大人の力を借りたりして問題を解決していく力，つまり「困っている時に助けを求めること」＝「援助要請スキル」を身につけることは，学校生活でのつまずきを回避し，その後の学校生活を円滑に送っていくためにも重要です。日常生活における些細なことを他の子どもに頼むことはできても，自分が本当に困っている深刻な状況になった場合に，「はずかしいから」「『こんなこともできないの？』と言われるのが嫌だから」などの理由から，人に頼むことができずに，自分の問題を大きくしてしまう子どももいます。そこで，困った事態が発生した時に，自分から教師や他の子どもに「困った」「助けて」「誰かに伝えて」「教えて」「手伝って」と言えるスキル，援助を求めるスキルは，学校生活においてだけでなく，社会に出てからも必要なサバイバルスキルであるという認識のもと，中学年のうちから身につけることをねらいとして，設定しました。

インストラクションの板書例

困っている時に助けを求めるスキル

【SOSを出すポイント】
◎助けてほしい思い（かんたんに）
◎どのようなことに，どれくらい困っているか
○お願いしたいことを伝える
　（わからなければ，それを伝える）
○助けてもらった時の自分の気持ちを伝える

【授業のルール】
・じゃましない
・はずかしがらない
・ひやかさない
・積極的に参加する
・グループでの話し合いを大切にする

授業中，そのまま残しておく，消さない板書

提示することでルールの徹底を図るための板書

ねらい

　自分だけでは解決できないと思うことに出会った時に，自分にできる方法で他者に援助を求めていくことが生きる強さであることを認識させます。その上で，子ども自身が困った問題に遭遇し，かつ，自分だけでは解決できないと思った時，または，途方にくれている時に，はずかしがらず，躊躇しないで，他者が何らかの動きをしてくれる援助の求め方を身につけさせます。

本スキルの取り扱いポイント

(1) 本スキルの取り扱い

　第1の着眼点は，自分1人では解決できそうもない問題に出会った時に，1人で抱え込まずに援助を求めることの重要さについて認識させることです。第2の着眼点は，相手に危機を察して何らかの動きをしてもらうための行動や態度について，モデルを通して気づかせることです。その際，特に，どのようなことに，どれくらい困っているかという状態や理由を伝えることを重視して，援助内容（自分でもわからない時は「どうしたらいいかわからない」こと），相手への配慮，感謝の意などを伝えるというポイントを押さえることが大切です。第3の着眼点は，自分1人では解決できそうもない問題に遭遇した時に，援助を求めてよかったという気持ちや，援助を求める意味・意義に気づかせることです。そして，できれば共助関係が人間関係の深まりにつながることにも思いを及ばせたいところです。

(2) この時間での工夫

　本スキルトレーニングに対するモチベーションを高めるためには，子どもであっても，大人であっても，自分1人では問題を解決できそうもない時に，援助を求めることが大切だという認識をもたせることです。そのためには，導入やインストラクションの部分でインパクトを与え，効果的に認識させる工夫が必要です。まず，端的に援助を求めていることを伝えること，どれくらい困窮しているかという状態や理由を伝えることを特に重点的にトレーニングし，それ以外の部分は，「やさしく頼むスキル」につなげることも一案です。

評価の観点と事後指導

【評価の観点】　端的に援助を求めていることや，どれくらい困窮しているかという状態や理由を伝えることができたか。

【事後指導】　援助を求める意味や援助を求めてよかったという気持ち，共助関係が人間関係を深めることに気づけたか確認する。

指導案

	学習活動・主な発問と予想される子どもの発言	指導上の留意点
導入	1　授業のルールの確認を行う。 2　担任が取り出した黄色いハンカチについて，もし人が黙って振っていたら何の合図かあてる。 3　NPO法人全国黄色いハンカチ推進本部が啓発している「黄色いハンカチの合図」の内容や趣旨を知る。	○授業の基本を確認する。 ○クイズ形式にしたり，グループで考えたりする。
展開	【インストラクション】 ■自分1人では解決することが困難なことがあり，人は相互に助け合って生きていることを知り，1人では解決できずに困っている時に誰かに助けてもらいたいと思った経験，助けを求めてよかったと思う経験を想起する。 ■1人で解決できない時は，助けを求める（SOSを出す）ことが大切であることを意識する。 ■教師の提示する事例（休み時間におなかが痛くなり，つらい状況など）から，SOSのセリフを考える。 ■何人かの子どもが考えたセリフが書かれた板書を見て，どのセリフを言われたら自分なら気持ちよく援助したくなるか考える。 【モデリング】 ■代表の子どもへの教師の2つの方法による頼み方を見る。 ①「おなかが痛い！　先生呼んで！」のように一方的な頼み方 ②「ねぇ，ちょっとお願いしてもいい？　今，とてもおなかが痛いんだ。先生に私がおなかが痛くてつらいことを伝えてもらっていい？　そうしてくれると助かるんだけど」 ■代表の子どもや何人かの子どもが，感想とどのようなところがよかったかを話す。 ■SOSを出すポイントを確認する。 ・相手に助けを求めていることを端的に伝える。 ・どの程度困った状態か伝える。 ・自分のお願いしたいことを伝える。わからなければそれを伝える。 ・助けてもらった時の自分の気持ちを伝える。 【リハーサル】＆【仲間からのフィードバック】 ■日常生活の中での頼みごとを考えワークシートに書く。 ■4つのポイントを基に，ワークシートに自分が頼む時のセリフを記入する。 ■4人1組（頼む人，頼まれる人，観察者2名の役割を全員が体験する）になり，最初は，ワークシートを基に練習する。 ■慣れてきたらワークシートなしで練習する。 ■各班の代表者による演技を見て，上手だった点を発表する。	○どのように頼んだら気持ちよく助けてくれるのだろう，という問題意識をもたせる ○セリフを出した人の性格等ではなく，出てきたセリフに注目させ，問題意識を高めさせる。 ○頼まれた時の自分の気持ちや，なぜそういう気持ちになるかに注目させる。 ○子どもの発言を，この後の教師の説明の際に生きるように，4つのポイントに整理して板書する。 ○表情など非言語面にも目を向けさせる。 ○記入した自分が頼む時のセリフを基に，繰り返しリハーサルを行わせる。 ○慣れてきたらワークシートなしで行うよう助言する。 ○頼みごとの練習なので，頼まれる人は必ず引き受けるように指示する。
終末	【教師からのフィードバック】 ■困った時にSOSを出すことの大切さと，その時に援助してもらえるSOSの発信の仕方の工夫を再確認する。 【チャレンジ】 ■日常生活の中で，困った時にSOSを発信する大切さと，援助してもらいやすくするためのポイントを意識して伝えることが，自分にとってもよく，かつ人間関係を良好にすることを実感する。	○援助を求める必要性や重要性と，援助が得られやすい頼み方を工夫する大切さを再認識させたい。 ○援助・被援助関係は，日常の人間関係が左右する場合がある。被援助者からの援助要請があった時に援助するよう努めることが人間関係を一層深めることに気づかせたい。

ワークシート

氏名（　　　　　　　　　　　　　）

困っている時に助けを求めるスキル
SOS のサインを出そう

1　1人だけだとうまくいかないことってありますね。頼みごとにはどんなことがあるか考えましょう。

〈例〉
◆家のカギを学校のどこかで落としたみたいなので，いっしょに探してほしい。
◆自分に嫌なあだ名をつける人に，そのあだ名で呼ぶことをやめるように言ってほしい。
◆給食でどうしても嫌いな食べ物がでて残したいけれど，先生に1人で言いに行くことができないから，いっしょについてきてほしい。

2　助けてもらえる頼み方を考えましょう。

	自分が頼む時のセリフ	〈例〉おなかが痛くてつらい
①助けてほしい思い		ねぇ，ちょっとお願いしてもいい？
②どのように，どれくらい困っているか		今，とてもおなかが痛いんだ。
③何を頼みたいのか（わからなければ？）		先生に私がおなかが痛くてつらいことを伝えてもらっていい？
④助けてもらった時の気持ち		そうしてくれると助かるんだけど。

3　相手に助けてもらえるように頼みごとをするには，どんなことが大切でしょうか。

ふり返りシート

氏名（　　　　　　　　　　　　）

1　今回の授業でとりあげたスキルは「困っている時に助けを求めるスキル」でした。
　　今日の授業をふり返ってみましょう。

	もう少し　→　できた				
①相手にかるく助けてほしい気持ちを伝えた	1	2	3	4	5
②どのように，どれくらい困っているか伝えた	1	2	3	4	5
③お願いしたいことを，わかりやすく伝えた。お願いしたいことがわからない時は，それを伝えた	1	2	3	4	5
④自分1人で困った時，助けてもらえるSOSを出そうと思った	1	2	3	4	5

2　なぜ，あなたが困った時に，助けてもらえるように頼むことが大切なのでしょうか。
　　あなたの考えを書いてください。

3　助けてくれた人を，今度はあなたが助けてあげる関係をつくると，その人とは，今までと何が変わってくると思いますか。思ったことなどを自由に書いてください。

練習で君もスキル名人！

氏名（　　　　　　　　　　　）

チャレンジシート

1　自分だけではうまくいかない時，誰かに頼みごとをしましたか。その時，学んだスキルをどのくらい生かすことができましたか。

　①～④についてふり返り，「よくできた時は○」「ときどきできた時は△」「できなかった時は×」をつけましょう。

困っている時に助けを求めるスキル	月　日	月　日	月　日	月　日
①相手にかるく助けてほしい気持ちを伝えた				
②どのように，どれくらい困っているか伝えた				
③お願いしたいことを，わかりやすく伝えた。お願いしたいことがわからない場合は，それを伝えた				
④助けてもらうために大切だと思うことがあれば，下の（　）に書いて，やってみましょう （　　　　　　　　　　　　　　　　　　）				

2　1人ではうまくいかない時に，SOSを出してよかったと思ったことはありますか。くわしい場面を書いてみましょう。

3　友達を助けてあげた時，その人とは，どのような友達になりましたか。あなたが気づいたことを書いてみましょう。

スキル12 やさしく頼むスキル

助け合える関係になろう

このスキルのテーマ〜主題設定の理由〜

　子どもたちは，子ども同士の関係の中で，様々なやりとりを通して相手を理解し，よりよい人間関係の在り方を学ぶものです。

　その中で，自分が頼みたいことを相手にうまく伝えられず，協力を得ることができないといったことは起こりやすいものです。

　うまく伝えられない要因として，そもそも相手にどう言って頼んだらよいかがわからないことや，子どもによっては，人に何かを頼むこと自体遠慮してしまうことがあります。

　その結果，相手から理解や協力を得られず，自分自身が困る事態が起こります。

　ソーシャルスキルを学習することによって，相手に上手に頼んだり，相手からの頼みを受け入れたりすることができるようになれば，お互いに助け合えるよりよい人間関係づくりにつながります。

インストラクションの板書例

```
やさしく頼むスキル

相手に何かを頼んでみよう
　友達に頼みたいことがあった時
　もし頼みごとを受け入れてもらえたら？
　もし頼みごとを受け入れてもらえなかったら？

【やさしく頼む時のポイント】
・相手にわかりやすい言葉で
・相手を見て
・ゆっくりと笑顔で

【授業のルール】
・じゃましない
・はずかしがらない
・ひやかさない
・積極的に参加する
・グループでの話し合いを
　大切にする
```

子どもが発表した意見や考えを記入する
消さずに残しておくとよい

授業のルールを提示し，注意を促す時はルールにしたがって確認を行うとよい
伝え方の具体例を示してもよい

ねらい

友達と良好な人間関係を築く上で,自分がしてほしいことを相手にきちんと理解してもらうことは,困った時に必要な助けを得ることにもつながります。遠慮してその場をやり過ごすのではなく,相手に頼んで,時に助けを得ることは,ストレスをため込まないために大切なことです。ここでは,自分のしてほしいことを「具体的に」「相手を見て」「ゆっくりと笑顔で」頼むことができるようにすることをねらいとします。

本スキルの取り扱いポイント

(1) 本スキルの取り扱い

第1の着眼点は,スキルを繰り返し練習することで,相手に自分の願いを伝えることのハードルをぐっと下げることです。自分がしてほしいことを伝えることができない背景には,自分はどうしてほしいかを相手に伝える経験が少なく,うまく言葉にできなかったり,伝える勇気がもてなかったりすることがあると考えられるからです。

第2の着眼点は,ポイントを意識して頼むと,相手も受け入れやすくなることを理解することです。伝える際に遠慮がちに伝えてしまうと,相手にしてほしいことがうまく伝わらず,どうしてほしいのかわかりにくくなってしまうことも予想されるからです。

(2) この時間での工夫

中学年頃に相手に自分の気持ちをうまく伝えられない理由として,そもそもどのように言ったらよいのかわからないことがあげられます。まずは,導入の際に,教師が日常でよく見かけるやりとりを例に出すなどして,「お願いしたいけれど言葉で言えないもどかしい状況」について子どもに考えさせてみてもよいでしょう。できるだけ具体的な言葉で,はっきり伝えることで,相手がこちらの要求を受け入れやすくなることを実感させ,その時の気持ちをとりあげるのもよいでしょう。

評価の観点と事後指導

【評価の観点】 相手に自分の頼みたいことを伝えることの大切さ,うまく伝えるポイントが理解できたか。

【事後指導】 生活の中で,自分の頼みたいことを伝えることができた体験を,学級活動の時間や帰りの会などで発表する場を設けて,生活の中での定着をめざす。

指導案

	学習活動・主な発問と予想される子どもの発言	指導上の留意点
導入	■日常生活で起こりがちなトラブルの場面の例を聞く。 （例：仲間に入れてほしいのに入れてもらえない場面など） ■ソーシャルスキルの紹介をする。 「こんな時，ソーシャルスキルを使うと，自分も相手もお互いの気持ちを理解しやすくなります」	○子どもが自分のこととして考えられるように，身近な出来事をとりあげたい。 ○ソーシャルスキルへの興味・関心につなげる。 ○ここでは例の内容などには深入りしない。
展開	【インストラクション】 ■「相手に何かを頼む時の伝え方」について考えさせる。 「友達に頼みごとをする時ってどんな時だろう？」 ・仲間に入れてほしい時 ・ものを貸してほしい時 ・自分がしなくちゃいけないことを手伝ってほしい時 「もし友達に頼みごとを受け入れてもらえたらどんな気持ちだろう？」 「受け入れてもらえなかったらどんな気持ちだろう？」 〈例〉「うれしい」「安心する」「助かる」「心が軽くなる」「悲しい」「がっかりする」「どうして？」「怒る」こうした言葉を伝えるとよいことを教える。 ■今日のスキルを紹介する。 「頼み方を工夫すれば，友達も協力しやすく，お互いに気持ちよく過ごせます。どのように頼めば相手が受け入れやすいかな？」 ・「相手にわかりやすい言葉で」「相手を見て」「ゆっくり笑顔で」頼む。 【モデリング】 ■「係の仕事を手伝ってほしい」場面の2つの例を見せ，どうすれば相手が受け入れてくれるかを考えさせる。 　悪い例：相手を見ずに下を向いてブツブツつぶやく，早口で言う。 　よい例：相手を見て，ゆっくり笑顔で「○○を手伝ってほしいんだ」と言う。 〈頼みごとを受け入れてもらえた時〉 　相手を見て「ありがとう」「助かるなぁ」と言う。 〈頼みごとを受け入れてもらえなかった時〉 　相手に「どうして？」と聞いてみる。 ■2つの例にどのような違いがあるか考えさせる。 【リハーサル】＆【仲間からのフィードバック】 ■グループ内で頼み方と受け入れてもらえた場合とそうでない場合の返し方を練習させる。 　よかった点，こうすればもっとよくなる点について話し合わせる。	○子ども自身に考えさせることによって，相手に気持ちを伝えることへの動機づけとしたい。 ○教師自身の体験談を語るなど，子どもが答えた内容に共感しながら進める。 ○感情にふれた言葉をとりあげたい。同時に，受け入れてもらえなかった時のネガティブな気持ちもとりあげ，その際どのようにしたらよいかも考えさせたい。 ○ポイントを黒板に示し，より注意を向けさせる。 ○ポイントを具体的に示すことで，子どもがスキルに取り組む意欲づけになるようにしたい。 ○モデリングに入る前に，授業のルールを提示し，子どもに理解させておく。 ○とりあげる場面は，子どもの実態に合わせて教師が設定するとよい。 ○子どもが答えた悪い例とよい例を板書する。 ○受け入れてもらえた時，受け入れてもらえなかった時も想定してどう答えたらよいかも考えさせたい。 ○子どもが考えたことを発表させてもよい。 ○ワークシートを使い，他の人の意見を記録しておくようにさせる。 ○グループを巡回し，グループ内で役割を交替しながら練習するよう声をかける。
終末	【教師からのフィードバック】 ■活動をふり返り，感じたことをグループごとに発表させる。 ■相手に頼むことができるよさや大切さについて，教師が話をする。 【チャレンジ】 ■日常生活で，ポイントを意識した頼み方ができるよう促す。互いに協力し合えるよさを実感できるように支援する。	○発表する子どもを事前にグループ内で決めておくようにする。 ○やさしく頼むスキルを学ぶことを通して，受け入れてもらえるうれしさや助け合える安心感をもって過ごせることに気づかせたい。 ○学級活動や帰りの会などで，折にふれて声をかけ，スキルの般化を支援していく。

ワークシート

氏名（　　　　　　　　　　）

やさしく頼むスキル

【やさしく頼む時のポイント】
◆「相手にわかりやすい言葉で」
◆「相手を見て」
◆「ゆっくり笑顔で」

1　「係の仕事を手伝ってほしい」場面を思い浮かべて練習をしましょう。
　　◆自分のしてほしいことを伝える
　　◆頼みごとを「受け入れてもらえた時・受け入れてもらえなかった時」の伝え方

2　練習をして，うまくできたところと，こうすればもっとよくなるところを書きましょう。
◆うまくできたところ

【自分が伝える時】

【頼みごとを受け入れてもらえた時・受け入れてもらえなかった時】

◆こうすればもっとよくなるところ

【自分が伝える時】

【頼みごとを受け入れてもらえた時・受け入れてもらえなかった時】

ふり返りシート

氏名（　　　　　　　　　　　）

1 今日は「やさしく頼むスキル」を考えました。
　今日の授業の取り組みをふり返ってみましょう。

	もう少し → できた				
①授業のルールを守って取り組めた	1	2	3	4	5
②今日学んだスキルをどんな時に使ったらよいかわかった	1	2	3	4	5
③今日の授業に積極的に参加できた	1	2	3	4	5
④学んだスキルを生活に取り入れてみようと思う	1	2	3	4	5

2 「やさしく頼むスキル」はどうして大切なのだと思いますか。
　あなたが考えたことを書きましょう。

3 今日の授業をふり返って，学んだことや思ったことなどを自由に書きましょう。

練習で君もスキル名人！

氏名（　　　　　　　　　　　　　）

チャレンジシート

1　「やさしく頼むスキル」を生活の中でどのくらいできましたか。
　①～⑤についてふり返り，「よくできた時は○」「ときどきできた時は△」「できなかった時は×」をつけましょう。

　　　　（　　　）月（　　　）日から（　　　）月（　　　）日まで

やさしく頼むスキル	月	火	水	木	金	土	日
①「してほしいこと」を相手にわかりやすい言葉で伝えることができた							
②自分のしてほしいことを「相手を見て」伝えることができた							
③自分のしてほしいことを「笑顔で」伝えることができた							
④相手に受け入れてもらえた時「ありがとう」と言うことができた							
⑤相手に受け入れてもらえなかった時「どうして？」と聞くことができた							

2　「やさしく頼むスキル」が上手にできたと思えたのは，どんな場面だったか書きましょう。

3　「やさしく頼むスキル」を練習して，感じたことや思ったことを書きましょう。

スキル13 自分を大切にするスキル
ありのままの自分を受け止めよう

このスキルのテーマ〜主題設定の理由〜

「自分を大切にする」ということを，心理学では「自尊心」という言葉で説明することができます。「自尊心」とは，自分で自分を大切にしようと思える原点であり，自分の得意なことや苦手なことを「自己理解」し，ありのままに受け止める「自己受容」を基礎に築かれるものです。また，「自尊心」は他人がどう評価するかではなく，自分が自分をどのように理解し受け止めていくかということとも関連しています。ですから，自分の得意なことやうまくできていることに加え，苦手なこともしっかりと受け止め，そういう自分と前向きにつきあっていくための方法を考えることは「自分を大切にする」ことにつながります。中学年頃になると，他者との比較を通して，自分の得意なことや苦手なことを意識しはじめる発達段階になります。その第一歩が葛藤に満ちたものではなく，前向きな未来につながる気づきとなるように，ソーシャルスキル・トレーニングの授業の中でじっくりと考える機会をもつことは，子どもたちの自信を支える土台づくりにも役立つと考えます。

インストラクションの板書例

【黒板】
自分を大切にするスキル

自分を大切にする
＝ありのままの自分を好きになる

〈そのためにできること〉
①自分の強みを見つける
②自分らしさを受け入れる
→自分を大切に，自信をもって生活する

【授業のルール】
・じゃましない
・はずかしがらない
・ひやかさない
・積極的に参加する
・グループでの話し合いを大切にする

（授業中，そのまま残しておく，消さない板書）
（子どもの意見を書いたり，写真を貼ったりする板書）

ねらい

　学校での評価の対象となりやすい，勉強やスポーツだけではなく，いつも当たり前に取り組んでいる活動も取り上げます。日常生活をふり返り自己評価をすることで，できている自分を肯定的に受け止める土台づくりをします。その上で，ありのままの自分を受け止める作業を通して，「自分を大切にする」とはどういうことであるのか考えることをねらいとします。

本スキルの取り扱いポイント

(1) 本スキルの取り扱い

　日常の活動について自己評価をさせる際には，すでにできていることや自分の好きなことは，これまで以上に努力を重ねしっかりと伸ばしていくようはげまします。一方で，苦手なことやうまくいかないことがあるのは，いけないことではなく，そこに気づき練習する（サポートしてもらう）ことで伸ばしていくことができることを伝えます。そのためには，自分のことをよく知り，得意なことや強みを発見することや，当たり前に思っていたことや無意識にやっていたことが，自分のよいところだと気づくことが重要であることを伝えます。こういった作業に繰り返し取り組んでいくことが，「自分を大切にする」ことにつながることを意識させてください。

(2) この時間での工夫

　子どもたちの主体的な学びを後押しするために，協同学習における「シンク・ペア・シェア」の手法を用いています。まずは，自分の行動についてふり返る自己評価の時間を設けます。次に，友達とペアになり取り組みをシェアします。さらに，自分では気づかない他者の視点から見た自分を評価してもらい，新たな気づきを得ます。最後に，クラス全体でシェアし，互いに認め合う機会をつくることで，深い学びの体験につなげることができると考えています。

評価の観点と事後指導

【評価の観点】　"今の自分はよく取り組んでいる"ということを実感することができたか。
　　　　　　　自分の得意なこと，苦手なことをよく考えて，受け止めた上で，他者に表現することができたか。

【事後指導】　得意なことは，さらに努力を重ねるようにはげます。苦手なことは，はずかしがって隠したり，自分だけでがんばろうとしたりせずに，家族や先生，友達に助けてもらいながら取り組んでいくことが大切であることを伝える。

指導案

	学習活動・主な発問と予想される子どもの発言	指導上の留意点
導入	【インストラクション】&【モデリング】 ■前回の授業のふり返りと授業のルールの確認を行う。 ■授業者の体験を話す。 〈例〉「先生は小学生の頃，本を読むのが大好きで，図書室でたくさんの本を借りて読みました。 　本の世界を通して，ワクワクしたりドキドキしたりするのは楽しかったし，いろいろなことを知ることができるのがうれしかったからです。 　でも，運動はあまり好きではありませんでした。かけっこはいつもうしろの方だし，すぐに転んだり失敗したりするのでけがばかりしていました。 　みなさんには，○○すると楽しいとか，うれしいとか，自分の好きなことはありますか？　逆に，△△がうまくいかなくて嫌だなとか，苦手なことはありませんか？」 ■「自分を大切にするスキル」について説明する。 「人にはそれぞれ得意なこと，苦手なことがあります。完璧な人はいません。 　そこで，"自分にはこういうところがあるな""こんなことをがんばっているな""ここはこうしてみるとうまくいくかもしれない"といったことを，前向きに考えることが大切です。 　今日の授業では"自分ってどんな人？"ということを考えながら，『自分を大切にする』ことの意味について考えていきたいと思います」	○授業者の小学生の頃の体験を話し，授業で取り組む内容について，子どもたちにイメージをもたせる。 ○好きなことや苦手なことをあれこれ思い出させる中で，自分のイメージをもたせるようにする。 ○「自分を大切にするスキル（＝自尊心）」について，板書にまとめておく。
展開	【リハーサル】&【仲間からのフィードバック】 ■自分の日常生活について考える。 ①自分のことを考える。 ②がんばっていることと，その理由を書く。 ③練習や努力が必要なことと，その方法を考える。 ■ペアで共有させる。（隣の席の友達とワークシートを見せ合う） ④ワークシートを交換し，相手のよいところを書く。 ⑤再びワークシートを交換し，発表用に自分のよいところをまとめる。	○ワークシートを配付する。ワークシートの1は「今日の自分」「○年生になってからの自分」など，設定をした上で考えさせるとよい。 ○①～⑤について進行状況を確認しながら，段階的に取り組み，全体の流れを調節する。 ○うまく取り組むことのできないペアには適宜声かけをし，取り組みをサポートする。
終末	【教師からのフィードバック】 ■全体で発表させる。 【チャレンジ】 ■「学校は，お友だちや先生とのかかわりを通して自分のことを知り，自分の力を伸ばすために練習していくところです。 　ですから，できていることや好きなことは，これまで以上に努力を重ねることで力を伸ばしていきましょう。 　一方で，うまくいかないことがあるのは悪いことではありません。練習してできるようにすればよいのです。どうしても難しい時には周りの人に助けてもらえばよいのです。そうすることが『自分を大切にする』ということにつながります。 　うまくいかないことや困ったことがあればいつでも話してください」	○発表後には拍手をすることで，がんばりを労う姿勢を示す。 ○自分が困っていることや心配していることを他者に伝え，助けてもらうことははずかしいことではなく，むしろ成長するチャンスである。そのやり方を学ぶ場が，ソーシャルスキル・トレーニングの授業であり，学校であることを伝えはげますことで，活動へのモチベーションを高める。

ワークシート

氏名（　　　　　　　　　　　）

自分を大切にするスキル

1　自分のことを考えてみよう！〈なんとなくしていたことが，実はすごいこと〉

〈例〉○：いつでもできる　△：ときどきできる　×：ほとんどできない

活動の内容	チェック	活動の内容	チェック
友達や先生にあいさつをする		悪いことをしたら「ごめんね」とあやまる	
学校を休まない		係の仕事を忘れない	
忘れものをしない		たくさん勉強する	
もちものを大切にする		たくさん本を読む	
いろいろな人と話す		たくさん体を動かす	
いろいろな人と遊ぶ		授業中におしゃべりをしない	
困っている友達がいたら手伝う		先生の話をよく聞く	
うれしい時には「ありがとう」と言う		授業中に手をあげて発表する	

2　学校生活で一番自分ががんばっていると思うことと，その理由を書いてみよう！

〈例〉私は毎日友達や先生にあいさつをします。そうすれば，気持ちよく1日を過ごせると思うからです。

3　練習が必要だと思うことはありますか？　どうすればよくなると思うか考えてみよう！

〈例〉私は係の仕事を忘れてしまうことがあります。なので，学校にきたら自分の係を確認するようにします。

4　友達に自分のよいところを聞いてみよう！

〈例〉○○さんのいいなと思うところは，お友だちにやさしいところです。

5　みんなに話してみよう！（①には2の内容，②には3の内容，③には4の内容が入ります）

①私は（　　　　　　　　　　　　　　　　　　　　　　　　　）です。これからもがんばります。
②でも，（　　　　　　　　　　　　　　　　　　　　　　　　　　　　　　　　　　　　）。
③○○さんには（　　　　　　　　　　　　　　　　　　　）がいいねと言ってもらってうれしかったです。

ふり返りシート

氏名（　　　　　　　　　　　）

1　今回の授業でとりあげたスキルは「自分を大切にするスキル」でした。
　　今日の授業をふり返ってみましょう。

	もう少し → できた				
①自分のできていることや，好きなことについて考えることができた	1	2	3	4	5
②自分の苦手なことや，うまくいかないことについて考えることができた	1	2	3	4	5
③友達に自分のことを話すことができた	1	2	3	4	5
④「どんな自分も大切」にしていきたいと思った	1	2	3	4	5

2　「自分を大切にする」ためにはどんなことができると思いますか。
　　授業で学んだことを書いてみましょう。

3　今回の授業を体験して思ったことや考えたことを自由に書いてください。

練習で君もスキル名人！

氏名（　　　　　　　　　　　）

チャレンジシート

1 授業で学んだ「自分を大切にするスキル」を生活の中でどのくらい考えることができましたか。①～⑤についてふり返り，「よくできた時は○」「ときどきできた時は△」「できなかった時は×」をつけましょう。

自分を大切にするスキル	月　日	月　日	月　日	月　日
①楽しかったことやうれしかったことがあった				
②得意なことや好きなことを一生懸命がんばった				
③苦手なことやうまくいかないことがあった時に，あきらめないでがんばった（がんばろうとした）				
④苦手なことやうまくいかないことがあった時に，誰かに話して手伝ってもらった（誰かに話してみようと思った）				
⑤「自分を大切にするスキル」のことを考えた				

2 「自分を大切にするスキル」を，生活の中でうまく使えたと思える場面を書いてみましょう。

3 「自分を大切にするスキル」を使って，よかったことや思ったことを書いてみましょう。

2章　これだけは，徹底したいターゲットスキル

スキル14 ネットで相手を傷つけないスキル
見えない相手を思いやろう

このスキルのテーマ～主題設定の理由～

近年のスマートフォンやタブレット端末の普及により，子どもたちにとってTwitter，Instagram，Facebook，LINEなどのSNS（Social Networking Service）やYouTubeなどの動画共有サイトが身近なものになってきています。うまく取り入れていければ，とても有用なツールになります。しかし，基本的には文字によるコミュニケーションのため，送信される間のとり方を除けば，非言語的な情報はほとんど伝わりません（杉原・宮田，2018）。現実の対人場面との違いも生じてきます。「炎上」や「ネットいじめ」といった言葉があるように，トラブルもまた身近なものになりうる状況です。

渡辺（2018）は，ネット世界は目の前のことだけでなく，1つの行動が世界の果てまで影響を及ぼしうるメリットとリスクがあること，メールなど書かれた文字は消えることなく未来永劫残ってしまうことを指摘しています。1つの問題が大きな問題になりうるからこそ，ネット上でのコミュニケーションの方法を学び，傷つけないスキルが必要であると考えられます。

インストラクションの板書例

ネットで相手を傷つけないスキル
〇よいところ
・すぐにコミュニケーションがとれる
・気軽に使える

△困ったところ
・トラブルになりやすい
・限られた情報になる

【スキルのポイント】
①わたしメッセージで伝える（「わたしは～」）
②相手がどう感じるかを考える（相手を思いやる）
③相手にメッセージを送る前に見直す（相手に伝える前に内容を考える or ふり返る）

【授業のルール】
・じゃましない
・はずかしがらない
・ひやかさない
・積極的に参加する
・グループでの話し合いを大切にする

授業中，そのまま残しておく，消さない板書

子どもの意見を書いたり，写真を貼ったりする板書

ねらい

　ネット上のコミュニケーションツールは簡単に利用でき，便利な道具である一方，使い方によってはトラブルに巻き込まれるリスクがあり，人間関係を悪くしてしまうこともあります。実際の対人場面とネット上でのコミュニケーションでは状況が異なりますが，どちらも相手を思いやることが大切です。ネット上でのコミュニケーションでは，非言語的な情報が制限されることを伝え，文字によるコミュニケーションが与える印象について考え，気づいていけるようにしましょう。

本スキルの取り扱いポイント

(1) 本スキルの取り扱い

　第1の着眼点は，ネット上のコミュニケーションの特徴について考え，理解し，メリットとデメリットについて気づいてもらうことです。教師の体験に基づいた語りを通して，その理解を深めていけるとよいでしょう。

　第2の着眼点は，ネット上のコミュニケーションにおいて，トラブルにならないために必要な行動や態度についてモデルを通して気づいてもらえるようにすることです。グループでの話し合いを通して，お互いの意見や考えを大事にし，思いやりのある気持ちを育てていきましょう。

(2) この時間での工夫

　教師自身の体験を語るモノローグ型アプローチを活用しましょう。ネットで相手を傷つけないスキルに関連する教師の体験を話すことで，ネットで相手を傷つけないスキルについて興味・関心をもたせましょう。また，ネットの使用頻度が少ない子どももいるかもしれません。非言語的な情報が制限される文字によるコミュニケーションと実際の対人場面との違いに気づけるようにすること，どちらも相手がどう感じるかを考えることが大切であることを伝えましょう。

評価の観点と事後指導

【評価の観点】　文字のみのコミュニケーションの難しさに気づくことができたか。
　　　　　　　相手がどう感じるかを考えることができたか。
【事後指導】　自分が発した情報が与える影響に気づかせる。
　　　　　　　相手のことを思いやる大切さに気づかせる。

指導案

	学習活動・主な発問と予想される子どもの発言	指導上の留意点
導入	■前回の授業のふり返りと授業のルールの確認をする。	○練習が大事であることを確認する。 ○授業のルールを確認する。
展開	【インストラクション】 ■ネット上でのコミュニケーションのメリット・デメリットについて説明する。 「携帯電話やスマートフォン，タブレットはすぐに連絡がとれて便利なものです。特に，今はコミュニケーションアプリも多くあります。しかし，トラブルに巻き込まれる危険もあります。限られた情報だけでやりとりしなければならないからです」 「限られた情報でのコミュニケーションは誤解が生じやすく，トラブルの原因になることがあります。今日は，ネットで誤解を与えないでコミュニケーションをとる方法を考えましょう」 【モノローグ】 ■ネット上でのコミュニケーションの経験を教師が語る。 〈モノローグのポイント〉 限られた（文字だけ）情報だと，表情やしぐさなどの情報がないので気持ちが伝わりにくいこと。日本語は短い言葉になりやすく，短い言葉だけだと何を言おうとしているのかはっきりしないことをポイントに，教師の経験を語ることができるとよい。 〈スキルのポイント〉 ①わたしメッセージで伝える。（「わたしは～」だと誰が～なのかがはっきりしてわかりやすい） ②相手がどう感じるかを考える。（相手を思いやる） ③相手にメッセージを送る前に見直す。（相手に伝える前に内容を考える or ふり返る） 【モデリング】 ■モデリングを通して，対面状況の会話場面と非言語情報がない同じ友達との会話場面を提示する。 ①対面状況での仲のよい友達との会話場面。 ②文字と画像のみで顔も見えず声も聞こえないという状況での同じ友達との会話場面。 ■2つの場面を見せ，どんなところが同じか，異なるかを確認する。 【リハーサル】＆【仲間からのフィードバック】 ■グループに分かれ，スキルのポイントを使って，誤解がないように伝えることができる言葉に書きかえる。 ■グループで，お互いの意見を話し合い，感じ方・受け取り方の違いや伝わりやすい言葉を確認する。	○子どもたちにわかるように，具体例を出しながら説明する。 ○子どもたちの経験を引き出し，身近なテーマであることを意識させる。 ○スキルを身につけることが，トラブル防止につながることを伝え，授業への動機づけをする。 ○教師は自分の体験をスキルのポイントを意識して語る。 ○子どもたちにとって，身近なものであることを感じさせながら，素直な感想を発表させる。 ○モデルを見て，実際の対人場面と非言語情報がない場面の違いを理解させる。 ○非言語情報の重要さに気づかせる。 ○スキルのポイントを再度確認する。 ○スキルのポイントを使うと，どう感じるか実演しながら確認する。
終末	【教師からのフィードバック】 ■文字だけで伝える場合，表現の仕方や言葉の使い方に気をつけることを確認する。 ■読んだ人がどう感じるか，気持ちを考えたやりとりが大切であることを確認する。 【チャレンジ】 ■日常生活の中で意識的に使ってみることを促す。	○ネット上のコミュニケーションだけでなく，実際の対人場面でも同じように大切であることに気づかせる。 ○練習することを促す。

ワークシート

氏名（　　　　　　　　　　　）

ネットで相手を傷つけないスキル

【ネット上でのコミュニケーション】
◆相手とすぐにつながりやすく，気軽に使うことができます
◆限られた情報（文字）しかなく，トラブルが起こることもあります
◆相手がどう感じるかを考えてみましょう

【ネットで相手を傷つけないスキルのポイント】
①わたしメッセージで伝える（「わたしは～」「ぼくは～」）
②相手がどう感じるかを考える（相手を思いやる）
③相手にメッセージを送る前に見直す（相手に伝える前に内容を考える or ふり返る）

1　「ネット上でのコミュニケーション」について，モデルから考えたことをまとめましょう。

相手が目の前にいる場面	文字だけでの場面

2　学んだスキルを使ってみましょう。
　モデルの文字だけでの会話場面を，スキルのポイントを使って，より伝わるように言葉を書きかえてみましょう。

ふり返りシート

氏名（　　　　　　　　　　　）

1　今回の授業でとりあげたスキルは「ネットで相手を傷つけないスキル」でした。
　　今日の授業をふり返って，感想や意見を書いてください。

	もう少し　→　できた				
①授業のルールを守ることができた	1	2	3	4	5
②今回の授業の内容について理解できた	1	2	3	4	5
③今回の授業にがんばって参加することができた	1	2	3	4	5
④学んだスキルを積極的に使ってみようと思う	1	2	3	4	5

2　なぜ「ネットで相手を傷つけないスキル」は大切なのだと思いますか。
　　あなたの考えを書いてください。

3　今回の授業を通して学んだこと，思ったことなどを自由に書いてください。

練習で君もスキル名人！

氏名（　　　　　　　　　　　　　）

チャレンジシート

1　学んだスキルを生活の中でどのくらい生かすことができましたか？
　①～④についてふり返り，「よくできた時は○」「ときどきできた時は△」「できなかった時は×」をつけましょう。

　　　　（　　　）月（　　　）日から（　　　）月（　　　）日まで

ネットで相手を傷つけないスキル	月	火	水	木	金	土	日
①わたしメッセージを使った（「わたしは○○」「ぼくは○○」）							
②相手がどう感じるかを考えた（相手を思いやる）							
③相手にメッセージを送る前に，書いたものを見直した（相手に伝える前に内容を考える or ふり返る）							
④普段の生活でもスキルを意識して使った							

2　「ネットで相手を傷つけないスキル」の，普段のコミュニケーションにも生かせることを書いてみましょう。

3　「ネットで相手を傷つけないスキル」を練習して気づいたことや感じたことを書いてみましょう。

スキル15 感謝するスキル
気持ちを行動で伝えよう

このスキルのテーマ〜主題設定の理由〜

　東京都教育委員会（2000）は小学生約1800名を対象に「規範意識と行動」に関する調査を行いました。その結果，「人に親切にしてもらったときに『ありがとう』を言うこと」に関して，80％以上の子どもが「とても大切だと思っている」と回答した一方で，「よくできている」と回答した子どもは30％未満でした。つまり，子どもの感謝の規範意識と実際の行動にはずれがあり，行動が伴っていないことが明らかになりました。

　感謝の気持ちをもっていても，黙っている限り，相手には伝わりません。自分の心の中にある感謝の気持ちを言葉や態度で表現した時に，はじめて，相手に伝わります。相手に「ありがとう」と伝えることができれば，3つのよいことがあります。①自分も相手もうれしい気持ちになります。②感謝の気持ちを伝えた人が，今度は自分がよいこと，人のためになることをしようと思うようになります。③感謝の言葉を言われた人も，次もまた同じようにしようとあらためて思います。1人1人が感謝の気持ちを表現すれば，思いやりのあるあたたかい人間関係が生まれます。

インストラクションの板書例

【板書】

感謝するスキル
友達に親切にしてもらった時の気持ちは？
黙っていても，相手に気持ちは伝わる？
では，どうしたら相手に伝わる？

【感謝を伝える時のポイント】
・相手を見て
・はっきりと
・笑顔で
・届く大きさの声で

【授業のルール】
・じゃましない
・はずかしがらない
・ひやかさない
・積極的に参加する
・グループでの話し合いを大切にする

＜授業中，そのまま残しておく，消さない板書＞
＜子どもの意見を書いたり，写真を貼ったりする板書＞

ねらい

助けてもらった時,手伝ってもらった時,相手に感謝の気持ちを言葉で伝えることができれば,自分も相手も笑顔になり,2人の仲はますますよくなります。逆に,心の中で感謝していても,何も言わなければ,相手に自分の気持ちは伝わりません。その結果,相手に不快な思いをさせ,自分と相手の人間関係が悪くなることもあるのです。これらのことに気づかせることがねらいです。

本スキルの取り扱いポイント

(1) 本スキルの取り扱い

第1の着眼点は,人の心は見えないからこそ,言葉やしぐさを用いて伝える必要があることに気づかせることです。文字や言葉を使わなくても,お互いの心と心で通じ合うことを意味する以心伝心という言葉がありますが,実際には,その通りにはいきません。感謝することはよいとわかっていても,なぜできないのかを考えさせてもよいでしょう。

第2の着眼点は,感謝の気持ちを相手に確実に伝えるための感謝するスキルを学び,身につけることです。ポイントは,①相手を見て,②はっきりと,③笑顔で,④届く大きさの声で感謝の気持ちを伝えることです。

(2) この時間での工夫

感謝した時,感謝された時,どんな気持ちになるかを思い出し,感謝があたたかい人間関係を生み出すことを確認します。他方,友達を手伝ってあげたのに「ありがとう」と言われなかった場合,どのような気持ちになるかを,ロールプレイを通じて体験します。感謝の気持ちを表現することの大切さに気づかせます。

評価の観点と事後指導

【評価の観点】　黙っていては,相手に気持ちは伝わらないことを理解できたか。
　　　　　　　感謝するスキルを使って,感謝の気持ちを伝えることができたか。
　　　　　　　気持ちを伝える時には,言葉と表情などが大切であることを理解できたか。
【事後指導】　給食,清掃,係の仕事など,あらゆる場面で,感謝するスキルを使うように促す。
　　　　　　　家族に対しても,食事をつくってもらった時,車で塾まで送ってもらった時などに,感謝するスキルを用いて,気持ちを伝えるよう促す。

指導案

	学習活動・主な発問と予想される子どもの発言	指導上の留意点
導入	■前回の授業のふり返りと授業のルールの確認を行う。 ■「『好きな言葉』アンケートで1位に選ばれたのは何でしょう？」 　・おはよう　・なんとかなる　・ありがとう ■「1位は『ありがとう』です。その理由は？」 　・言われると，うれしくなる言葉だから。	○授業の基本を確認する。 ○クイズを出し，本時の学習に興味をもたせる。ワークシートに記入させる。 ○「ありがとう」があたたかい言葉であることを確認する。
展開	【インストラクション】 ■「この1週間で誰かから何かをしてもらった時，その人に『ありがとう』と言って，感謝の気持ちを伝えた人はいますか？」 ■「では，心の中では『ありがとう』と思ったけれども，言葉にして伝えることはできなかったという人はいますか？　どうして言えない時があるんでしょうか？」 ■「後で，後悔するのは嫌ですね。『ありがとう』を言えれば，自分も相手もすっきりして，よい気持ちになれます」 【モデリング】 ■「今から2つの劇を見せます。場面は音楽の授業が終わり，音楽室から教室に戻ってきたところです。AさんがBさんの筆箱を届けてあげる場面です。劇を見た後で，『どこが違っていたか』『よかったところ，直した方がよいと思ったところ』を発表してもらいます。Bさんの言葉や表情に注目して見てください」 〈悪い例〉 Aさん：「これBさんの筆箱でしょ。音楽室にあったよ」 Bさん：(黙って受け取る) 〈よい例〉 Aさん：「これBさんの筆箱でしょ。音楽室にあったよ」 Bさん：(顔を見て，笑顔で)「持ってきてくれて，ありがとう」 ■「では，気がついたことを発表してください」 　・黙って受け取るのは感じが悪い。笑顔で言った方がよい。 ■「『ありがとう』を言う時のポイントは，①相手を見て，②はっきりと，③笑顔で，④届く大きさの声で，です」 【リハーサル】&【仲間からのフィードバック】 ■2人組になり，モデリングで見た場面を演じてみる。 ■お互いに感想や気持ちを伝え合う。 ■相手のよかったところを伝える。	○ワークシートに記入させる。それぞれの場面での気持ちも書かせる。 ○感謝の気持ちをもつことはできても，言葉で伝えることは難しいことに気づかせる。 ○「ありがとう」は人と人をつなぐ，大切な言葉であることに気づかせる。 ○場面は事前に説明する。 ○観察するポイントは事前に伝える。 ○劇のはじまりと終わりをはっきりさせるために「はい」と言い，子どもが集中して見るよう工夫する。 ○子どもの発表した内容を板書する。 ○感謝するスキルのポイントを黒板に書く。 ○Aさん役とBさん役を決めてからはじめ，終わったら，役を交替して，もう一度させる。 ○感想をワークシートに記入させる。
終末	【教師からのフィードバック】 ■子どものよかったところをあげて，感謝を伝える時のポイントを確認する。 ■感想を発表させる。 【チャレンジ】 ■家でも，家族が何かをしてくれた時には，感謝を伝える時のポイントを使って感謝の気持ちを伝えるように促す。	○時間があれば，ペアにみんなの前で演じさせてもよい。 ○「笑顔がよかった」など，具体的に指摘する。 ○今後の生活の中で，ごはんを食べる前，塾まで送ってもらった時など具体的な場面をあげて，自分から「ありがとう」を伝えるように促す。

ワークシート

氏名（　　　　　　　　　　）

感謝するスキル

◆導入クイズ

　日本人が好きな言葉の第1位は何でしょう？

　その理由は？

1　最近1週間の中で，「ありがとう」と言った場面を思い出して書きましょう。

誰に？　その時の場面は？

その時，どんな気持ちになりましたか？

2　最近1週間の中で，「ありがとう」と言えなかった場面を思い出して書きましょう。

誰に？　その時の場面は？

その時，どんな気持ちになりましたか？

3　ロールプレイをした感想を書きましょう。

2章　これだけは，徹底したいターゲットスキル　105

ふり返りシート

氏名（　　　　　　　　　　　）

1　今回の授業でとりあげたスキルは「感謝するスキル」でした。
　　今日の授業をふり返ってみましょう。

	もう少し　→　できた				
①楽しく学習することができた	1	2	3	4	5
②今回の授業の内容について理解できた	1	2	3	4	5
③ロールプレイに積極的に参加できた	1	2	3	4	5
④学んだスキルを積極的に生活に取り入れてみようと思う	1	2	3	4	5

2　なぜ「感謝するスキル」は大切なのだと思いますか。あなたの考えを書いてください。

3　今回の授業を通して学んだこと，思ったことなどを自由に書いてください。

練習で君もスキル名人！

氏名（　　　　　　　　　　　　）

チャレンジシート

毎日，「ありがとう」を続けましょう。「けいぞくは力なり」です。
おうちの人に何かをしてもらったら，スキルを使って「ありがとう」を伝えましょう。
「ありがとう」と伝えられたら感想を書き，おうちの人にも感想を書いてもらいましょう。

		わたしの感想	おうちの人の感想
1	月　日 曜日		
2	月　日 曜日		
3	月　日 曜日		
4	月　日 曜日		
5	月　日 曜日		
6	月　日 曜日		
7	月　日 曜日		

毎日，「ありがとう」を伝えて，「ありがとう」スキル名人になろう！

スキル16 発表するスキル
上手に伝えて自信をつけよう

このスキルのテーマ～主題設定の理由～

子どもが人前に出て発表する場面は少なくありません。例えば，授業中に意見を発表する，質問する，係の仕事として「明日のもちもの」をみんなに伝える，朝の会や帰りの会で，「今日のうれしかったこと」などのテーマにそって発表する，夏休み明けの時期には「夏休みの思い出」を発表することもあります。上手に発表することができれば，①気持ちのよい体験ができる，②仲間に自分のことをわかってもらえる，③発表することへの自信が生まれる，という3つのよいことがあります。

一方で，過度に緊張してしまうなどの理由で，発表が苦手な子どももいます。その場合，言いたかったことを伝えられなかったなど欲求不満に陥ることもあります。繰り返されると，発表を苦手と感じて，避けるようになります。こうした負の連鎖を防ぐためには，子どもに発表の仕方にはポイントがあることを教え，そのポイントを身につけさせることが有効です。

インストラクションの板書例

```
発表するスキル

発表するスキルを身につけると
3つのよいことがある

【発表するスキルのポイント】
・発表してよいタイミングか確認する
・発表する内容を決めておく
・はじめる前に大きく深呼吸する
・聞こえる大きさの声で話す
・質問を受けつける
・「これで終わります。ありがとうございました」と言う

【授業のルール】
・じゃましない
・はずかしがらない
・ひやかさない
・積極的に参加する
・グループでの話し合いを
　大切にする
```

（授業中，そのまま残しておく，消さない板書）　（子どもの意見を書いたり，写真を貼ったりする板書）

ねらい

　みんなの前で発表することは，誰でも勇気がいることです。また，最も重要なのは，発表内容が聴き手に伝わることです。そのためには，ただ発表するのではなく，発表するスキルを意識して使うことが必要です。うまく発表することができるようになると，発表への苦手意識が減るだけでなく，自分への自信にもつながります。また，自分のことをクラスの仲間にわかってもらうことができるようになると，学校生活がより楽しいものになります。

本スキルの取り扱いポイント

(1) 本スキルの取り扱い

　第1の着眼点は，子どもに今までの自分の発表をふり返らせることです。発表は好きか，嫌いか？　得意な方か，苦手な方か？　それぞれに理由を書き出させます。好きまたは得意な理由，嫌いまたは苦手な理由を具体的に書かせます。できるだけ，たくさん，具体的にあげるように声をかけます。

　第2の着眼点は，子どもに発表するスキルのポイントを教えることです。先ほど書き出した理由とポイントを見比べさせます。例えば，苦手な理由が「何を話したらよいのかわからない」場合は，話す前に話す内容を考えておくことで問題を解決することができます。人前で発表する時に緊張してしまう場合には，はじめる前に大きく深呼吸をするとよいでしょう。このように，自分にとって必要な発表するスキルのポイントを意識させると，本時の学習効果が高まります。

(2) この時間での工夫

　自分の発表する時の気持ちや，何を苦手と感じているのかを明らかにするために，ワークシートを使います。自分の苦手なこと，課題を明らかにした後で，ポイントを身につけ，課題を克服できることがわかれば，学習に対する意欲もわいてきます。

　ロールプレイでは，ポイントを意識しながら実際に発表することによって，発表するスキルを学習することができます。発表するスキルを使って発表した後で，自分の気持ちをふり返らせます。発表に対する気持ちがどのように変わったか，自信がついたかを確認させます。

評価の観点と事後指導

【評価の観点】　発表するスキルのポイントを意識して発表することができたか。
　　　　　　　発表に対する自分の気持ちがどのように変わったかをふり返ることができたか。
【事後指導】　授業中，係の仕事など発表する場面で，発表するスキルを意識して使うように声かけをする。

指導案

	学習活動・主な発問と予想される子どもの発言	指導上の留意点
導入	■前回の授業のふり返りを行う。チャレンジシートの内容を数名に発表させる。 ■授業のルールの確認を行う。 【インストラクション】 ■今日学習するスキルを示し，興味をもたせる。 「今日のテーマは『発表するスキル』です。発表と聞いて，得意な人は？　苦手な人は？　それぞれその理由は？」 ■ポイントがあることを伝え，学習への意欲を高める。 「発表がうまくなりたいと思う人は？　今日は，発表するスキルのポイントを教えます」	○チャレンジシートの内容の発表を聞きながら，前回学習したスキルを復習・確認する。 ○授業のルールを確認する。 ○何人かに発表させ，自分の発表をふり返らせる。 ○子どもの意見を聞きながら，上手に発表できるようになりたいと思わせる。
展開	【モデリング】 ■個別でのワークシートへの記入を通して，自分の発表をふり返らせる。発表することへの感情（好き or 嫌い）（得意 or 苦手）と，得意なこと，苦手なことを具体的に書かせる。 ■記入した内容を基に，班の仲間と意見交換をさせる。 ■班ごとに意見をまとめ，発表させる。 ■子どもから出た意見を生かして，発表するスキルのポイントを明らかにし，板書する。 〈ポイント〉 ・タイミング　・内容　・深呼吸　・声の大きさ　・質問 ・「これで終わります。ありがとうございました」と言う 【リハーサル】 ■ペアになり，ロールプレイを行う。誕生日がはやい人に先に発表させる。聴き役の人は，以前に学習した「聴くスキル」を使って聴かせる。また，内容について積極的に質問させる。 　話題例　　：今日の朝食メニューと感想 　まずい例　：これまで通りの自分のやり方での発表 　望ましい例：今日学習した発表するスキルのポイントを意識した発表 ロールプレイが終わったら，ワークシートに感想を記入させる。 役割を交替してロールプレイを行い，感想を記入させる。 時間制限内で繰り返しロールプレイをして，練習させる。 【仲間からのフィードバック】 ■ペアで感想を述べ合い，よかったところを指摘させる。	○個別に記入させる。 ○班ごとに話し合わせる。 ○子どもの意見を聞きながら，発表する際のポイントを明らかにする。 ○発表が苦手な子どもの意見にも耳を傾け，発表の難しいところを明らかにする。 ○ポイントを印刷した模造紙などを用意しておき，黒板に貼ってもよい。 ○最初は黒板のポイントを見ながらやってよい。慣れてきたら，黒板を見ないでやらせてみる。 ○お互いに感想を伝え合わせる。
終末	【教師からのフィードバック】 ■ふり返りシートの内容を発表させる。 ■教師がリハーサルを見て，気がついたよかった点，こうしたらもっとよくなる点を伝える。 【チャレンジ】 ■授業中や帰りの会といった場面で，発表するスキルを使って発表するように声をかける。繰り返し練習することで発表が上手になることを伝える。 ■自分のことをわかってもらえれば，うれしい気持ちになることを確認する。	○「上手だったよ」などの抽象的な言い方ではなく，「どこがどのように上手だったか」を具体的に伝える。 ○日常のどの場面も練習の場となることを伝える。 ○友達の発表を聞いて，友達のことがわかれば，もっと仲良しになれることを伝え，練習への意欲を引き出す。

ワークシート

氏名（　　　　　　　　　　　）

発表するスキル

1　あなたは発表することが（　　得意である　　　苦手である　　）
　どうしてそう思うのか，理由を書いてみましょう。

┌───┐
│   │
│   │
│   │
│   │
└───┘

2　発表する時に大切なポイントは何でしょう。
　先生が話した発表するスキルのポイントを，書きうつすか，書きたしてみましょう。

┌───┐
│   │
│   │
│   │
│   │
└───┘

3　ロールプレイをした感想を書きましょう。

┌───┐
│   │
│   │
│   │
│   │
│   │
└───┘

ふり返りシート

氏名（　　　　　　　　　　　　　）

1　今回の授業でとりあげたスキルは「発表するスキル」でした。
　　今日の授業をふり返ってみましょう。

	もう少し　→　できた				
①前回学んだスキルを確認することができた	1	2	3	4	5
②今回の授業の内容について理解できた	1	2	3	4	5
③今回の授業に積極的に参加できた	1	2	3	4	5
④学んだスキルを積極的に生活に取り入れてみようと思う	1	2	3	4	5

2　なぜ「発表するスキル」は大切なのだと思いますか。あなたの考えを書いてください。

3　今回の授業を通して学んだこと，思ったことなどを自由に書いてください。

練習で君もスキル名人！

氏名（　　　　　　　　　　）

チャレンジシート

【発表するスキルのポイント】
◆発表してよいタイミングか確認する　　◆発表する内容を決めておく
◆はじめる前に大きく深呼吸する　　◆聞こえる大きさの声で話す　　◆質問を受けつける
◆「これで終わります。ありがとうございました」と言う

例のように，「発表するスキル」を使ったら書きましょう。

〈例〉

| 5月　10日　　　算数の授業で，手をあげて，さしてもらった　　　　時 |

意識したポイント	感　想
答えを言いました。 みんなに聞こえるように大きな声で発表しました。	みんなが「いいです」と言ってくれたので，うれしかったです。

| 　月　　日　　　　　　　　　　　　　　　　　　　　　　　　　時 |

意識したポイント	感　想

| 　月　　日　　　　　　　　　　　　　　　　　　　　　　　　　時 |

意識したポイント	感　想

スキル17 ストレスに対処するスキル

受け止め方や対処の仕方を知ろう

このスキルのテーマ〜主題設定の理由〜

心身の不調で保健室を利用する子どもが増えています。その多くは心に何らかの悩みや不安を抱えています。小学校5年生の体育科保健領域の心の健康の単元は，これらの問題には適切な対処の仕方があることを理解させることを目的としたものです。学習指導要領によると，小学校5年生の心の健康の単元では，①心の発達，②心と体の相互の影響，③不安や悩みへの対処について学習するとされています。しかし，子どもたちが抱えるストレスは，第二次性徴期を迎える頃から心と体の成長のアンバランスさも重なり，教科学習の枠だけで十分な対処ができるとはいいがたいものがあります。教科学習だけでなく，学級活動の時間などを利用して，担任と養護教諭，またはスクールカウンセラーなどの専門家とのチームティーチングのかたちで指導の機会をつくっていくことができれば望ましいでしょう。

ストレスは，人間の成長にとって必要なものではありますが，ストレスが原因で心や体が病気になることがあります。ストレスの受け止め方には違いがあります。自分のストレスの受け止め方を知り，心がストレスを感じてつらくなった時，自分の心の状態に気がつき，心を落ちつけるスキルを身につけさせたいと思います。

インストラクションの板書例

ストレスに対処するスキル

■ストレスの種類を知る
・自分を元気にしてくれるストレス

・自分の心や体が苦しくなってしまうストレス

■子どもに現れやすい心や体の反応とは？

心の反応　　体の反応

【授業のルール】
・じゃましない
・はずかしがらない
・ひやかさない
・積極的に参加する
・グループでの話し合いを大切にする

【ストレス対処法】
・3食食べる
・はやく寝る
・誰かに相談する
・好きなことをする
・家族や友達と話す
・深呼吸する

ねらい

　ストレスと聞くとマイナスのイメージをもつ人も多いでしょう。ストレスが原因で心や体が病気になってしまうこともあります。しかしストレスは，人間の成長にとって必要なものとして理解することもできます。つまり，ストレスには，自分ががんばるために必要なストレスと，自分の心や体が苦しくなってしまうストレスがあります。子どもに現れやすいストレス反応を知らせ，どのようなことが自分の体に起こるのかを知らせます。ストレスの受け止め方には違いがあること，自分のストレスの受け止め方を知り，適切な対処ができるようにします。

　また，友達も悩みや不安をもっていることや，その内容が多様であること，どのように対処しているのかを知ることで，自分だけでなく，相手の気持ちや状況を理解することにつなげることもねらいとします。

本スキルの取り扱いポイント

(1) 本スキルの取り扱い

　まず，自分の体験をふり返り，どんな時にイライラした気持ちになるのか，リラックスした気持ちになるのかを考えさせます。次に，ストレスの種類と，子どもに現れやすい心や体の反応を丁寧に確認します。

　展開のポイントは2つあります。第1の着眼点は，ストレスの種類を知ることです。その上で，子どもに現れやすい心や体の反応を丁寧に確認することです。

　第2の着眼点は，自分のストレスの受け止め方を知り，ストレス対処法を学ぶことです。どんな方法があるのか，クラスやグループでの自主的な意見交換や提案を促します。

(2) この時間での工夫

　ここでは，子どもが自分の体験を通して，自分のストレスに向き合うことが大切です。経験や自分の感情に気づくことが難しい場合は，教師の体験を話すとよいでしょう。子どもへの自己開示にもつながり，興味・関心を高めることができます。

評価の観点と事後指導

【評価の観点】　自分のストレスの受け止め方を知り，自分に合ったストレス対処法を考えることができたか。

【事後指導】　学校生活だけでなく，家庭でストレスを感じた時に，自分に合ったストレス対処法を使い，練習することが大切であることを伝える。

指導案

	学習活動・主な発問と予想される子どもの発言	指導上の留意点
導入	■前回のふり返りと授業のルールの確認を行う。 【インストラクション】 ■ストレスについて説明する。 「ストレスという言葉を聞いたことがありますか？ ストレスと聞くと悪いイメージをもつ人が多いと思います。でも実は，ストレスは人ががんばる力にもなります。ピアノの発表会や野球やサッカーの試合で，緊張したけど力が発揮できたという経験はありますか？ 緊張するからこそたくさん練習して，力が発揮できることがあります。適度なストレスは，自分ががんばる力になります。大切なことは，ストレスに気づき，ストレスが大きくなりすぎないように対処することです」	○授業の基本を確認する。 ○誰もがストレスを感じることがあるが，ストレスにどのように対処するかが大切であることに気づかせる。 ○子どもが「対処」という言葉がわからない時には，ほうっておかないで取り組むことであると伝える。
展開	【モデリング】 ■「どんな時にイライラしますか。どんな時にリラックスしますか。ワークシートに記入してください」 ・友達とけんかしてしまうとイライラするな。 ・お風呂にゆっくり入っているとリラックスするな。 ■ストレスの種類を知る。 「先ほど話したように，ストレスには自分ががんばるために必要なストレスと，自分の心や体が苦しくなってしまうストレスがあります。それぞれどのようなものがありますか」 〈自分ががんばるために必要なストレス〉 ・ピアノの発表会　・サッカーの試合　・テスト 〈自分の心や体が苦しくなってしまうストレス〉 ・友達とけんかした　・親に怒られた ・テストの点数が悪かった 「ストレスを感じた時，心と体にはどんな反応が起こりますか？」 ・心の反応の例：イライラする，落ち込む ・体の反応の例：頭痛，腹痛，息苦しくなる 【リハーサル】＆【仲間からのフィードバック】 ■エクササイズ 「ストレスがたまっている時，どんな対処法がありますか？ ワークシートに記入しグループ内で発表しましょう」 ・はやく寝る　・誰かに相談する ・好きなことをする（音楽を聴く） ・家族や友達と話す　・深呼吸する	○ワークシートに記入させ，意見を出させる。 ○どんな意見でも正解や不正解はないこと，人によってストレスの感じ方は違うことを理解させる。 ○板書を示し，子どもの発言を心の反応，体の反応の箇所に書き込む。 ○子どもがストレスの例を書けていない時は，例を提示する。 ○子どもに現れやすいストレス反応を確認し，どのようなことが自分の体に起こるか考えさせる。 ○友達のストレス対処法を聞き，よいものがあれば自分の対処法に取り入れるよう伝える。 ○子どもたちから出てこなかった場合には，板書のストレス対処法を教師から伝える。
終末	【教師からのフィードバック】 ■授業の内容をまとめ，ふり返る。 【チャレンジ】 ■チャレンジシートを配付し，実践するよう促す。	○ストレスへの対処で重要なことは，ほうっておかないで誰かに話すことや，リラックスする行動をとることであることを伝えておきたい。

ワークシート

氏名（　　　　　　　　　　　）

ストレスに対処するスキル

1　自分の心と体に目を向けて……ストレスに気づこう。

どんな時にイライラした気持ちになりましたか

どんな時にリラックスした気持ちになりましたか

2　ストレスってどんなものなんだろう？

自分ががんばるために必要なストレス　　　　自分の心や体が苦しくなってしまうストレス

3　ストレスを感じた時に現れやすい心と体の反応とは？

心の反応　　　　　　　　　　　　　　　　　体の反応

4　いろいろなストレス対処法について知ろう。

自分が考えたストレス対処法を書きましょう

友達の考えでまねをしてみたい，やってみたいと思ったものを書きましょう

2章　これだけは，徹底したいターゲットスキル

ふり返りシート

氏名（　　　　　　　　　　　　）

1　今回の授業でとりあげたスキルは「ストレスに対処するスキル」でした。
　　今日の授業をふり返ってみましょう。

	もう少し　→　できた				
①5つの授業のルールを守ることができた	1	2	3	4	5
②今回の授業の内容について理解できた	1	2	3	4	5
③今回の授業に積極的に参加できた	1	2	3	4	5
④学んだスキルを積極的に生活に取り入れてみようと思う	1	2	3	4	5

2　「ストレスに対処するスキル」のどこが大切だと思いますか。
　　具体的に，どのように生かしていきたいと思いますか。

3　今回の授業を通して学んだこと，思ったことなどを自由に書きましょう。

練習で君もスキル名人！

氏名（　　　　　　　　　　　）

チャレンジシート

1　学んだスキルを生活の中でどのくらい生かすことができましたか？
　①〜③についてふり返り，「よくできた時は○」「ときどきできた時は△」「できなかった時は×」をつけましょう。

　　　　（　　）月（　　）日から（　　）月（　　）日まで

ストレスに対処するスキル	月	火	水	木	金	土	日
①自分のストレスに気がつくことができた							
②授業で考えたストレス対処法を試すことができた							
③ストレスをためずにはやめに対処できた							

2　「ストレスに対処するスキル」を上手にできたのは，具体的にどのような場面でしたか。

3　「ストレスに対処するスキル」を練習した感想や気づきを書きましょう。

2章　これだけは，徹底したいターゲットスキル

スキル18 リフレーミングのスキル
見方を変えてよいところを見つけよう

このスキルのテーマ〜主題設定の理由〜

　中学年という時期は，友達を含めた大きな世界に変わる時で，活動範囲も徐々に広がっていき，人間関係が深まっていきます。それと同時に，周りの友達と自分の違いに気がつくようになり，「○○さんは算数のテストの点がよいのに，自分はどうしていつも悪いのだろう」「自分には得意なことは何もない」などと比較してしまい，劣等感を感じることや，自尊心が下がっていくことがあります。

　自尊心とは，「ありのままの自己を尊重し受け入れる」「自分は（欠点も含め）自分でよいと思える」という感覚のことをいい，安心感・安定感，人との関係を築く力なども関連する大切なものです。自尊心をほどよく感じることができると，自分を大切に思うようになり，相手も大切にすることができるようになります。しかし，自分1人で考えていてもできていないことや短所にばかり目が向き，なかなか自尊心を高めることは難しいと思われます。そこで，ペアやグループでの活動を通し，他者からリフレーミングをされることで，自分の短所を長所と思える視点を得ることができ，自尊心が高まり，相手のよいところを見つけることもできるようになると考えます。

インストラクションの板書例

リフレーミングのスキル

【リフレーミング】
物事を決めたり，枠にはめたりせず，いろいろな見方をすること

【ポイント】
・自分の長所と短所を理解してみよう
・短所も含めて自分を受け入れてみよう
・友達の長所を見つけてみよう

【授業のルール】
・じゃましない
・はずかしがらない
・ひやかさない
・積極的に参加する
・グループでの話し合いを大切にする

授業中，そのまま残しておく，消さない板書　　子どもの意見を書いたり，写真を貼ったりする板書

ねらい

　短所だと感じている自分の性格や考えを，見方を変えることで長所と捉えることができることを理解していきます。自分の短所と長所を見直すことで，「自分は自分でよい」ということを自分自身で思えるようにします。自己開示をした上で，友達から自分へ肯定的なフィードバックをもらい，自分自身を大切にできるようにします。また，友達にも肯定的なフィードバックをし，相手も大切にできるよう自己理解と他者理解を深めていきます。

本スキルの取り扱いポイント

(1) 本スキルの取り扱い

　性格には長所と短所があること，自分の短所は直さなくてはならないと思ってしまうことが誰にでもあることを伝えます。ただ，実はそれは性格を1つのフレームから見ているだけで，別のフレームから見ると長所に見えてきます。つまり，長所と短所は見方の違いであることに気づかせます。

　第1の着眼点は，リフレーミングにカードでのペアリングで取り組み，モデリングで理解を促していくことです。ゲーム形式で行うことによって，楽しみながら語彙を増やし，リフレーミングのスキルを学びます。

　第2の着眼点は，自分の短所と長所をワークシートに書き，ペアや班の友達に伝えながら，相手に自分の短所をリフレーミングしてもらうことです。自分では気がつかなかった長所に気づき，自己理解を深めます。また，反対に相手をリフレーミングしていくことで，友達のよいところを見つけ言葉にしていきます。ワークシートに取り組むことで，お互いの理解を深め，自他を大切にできるようにします。

(2) この時間での工夫

　導入時，誰にでも長所と短所があることを事前に伝え，悩んでいるのは自分だけではないことを教師のエピソードを通して伝えます。モデリングの際に，カードでのペアリングを行うことでリフレーミングの方法を伝え，よいところを見つけることができるように，語彙を増やすようにします。子どもにも考えてもらいながら，楽しい雰囲気で長所を見つけることができるようにしていきます。

評価の観点と事後指導

【評価の観点】　自他を大切にしながら，ペアやグループでの活動ができたか。
　　　　　　　自分の長所と短所を理解し，自分を受け止めることができたか。
【事後指導】　自他のよいところを見つけることができた際に，肯定的な評価をする。

指導案

	学習活動・主な発問と予想される子どもの発言	指導上の留意点
導入	1　前回の授業のふり返りと授業のルールの確認を行う。 2　自分の長所と短所について，教師のエピソードを交えながら誰にでも長所と短所があることを伝える。 ■リフレーミングをすると短所が長所に変わることを伝える。	○練習することが大事であることを伝える。 ○友達を傷つけるようなことを言わない・ふざけないことをルールで確認をする。 ○安心して取り組めるように，教師のエピソードを伝える。
展開	【インストラクション】 ■人には誰でも，長所と短所があることを伝える。 「普段は自分の短所に目が向きがちになり，長所があるのに目が向きにくいことや，短所は直さないといけないと思ってしまうことがあります」 ■「自分は自分でいい」と思えることの重要性を伝える。 「自分の短所に目を向けてしまうとつらくなってしまいます。リフレーミングとは，物事を別の視点で見て，肯定的な捉え方をすることです。リフレーミングというスキルを使用すると，短所を長所と捉えることができ，ありのままの自分でよいと思えるようになり，自分のことを好きになれます」 【モデリング】 ■黒板にカードを貼りペアリングをして語彙を増やしていく。 〈例〉あきっぽい→好奇心が強い 　　　落ちつきがない→元気がある 　　　がんこである→責任感がある 　　　ひっこみ思案→慎重，まじめに考える 　　　おせっかい→面倒見がよい 【リハーサル】＆【仲間からのフィードバック】 ■ワークシートに自分の短所と長所を記入させる。 自分の短所を書かせ，ペアやグループの友達に書いた内容をリフレーミングしてもらう。また，友達の短所についてリフレーミングをして長所になるようにする。 ■ふり返りシート リフレーミングをしてみて，してもらっての感想を書かせる。ペアやグループで感想を話し合わせる。	○自分だけではないことを伝え，どんな人にも長所と短所があることを伝える。 ○リフレーミングのスキルを使用することのメリットを言葉と視覚的に伝える。 ○教師のエピソードを話し，リフレーミングしている例を示す。 ○リフレーミングの例が書かれているシートを事前に配付しておき，確認できるようにする。 ○子どもに回答してもらってもよい。 ○リフレーミングの例が書かれているシートを見ながら書いてもよいことを伝える。 ○リフレーミングした結果を聞いて，どんな気持ちになったのかをシェアできるように声をかける。
終末	【教師からのフィードバック】 ■本日のポイントを復習し，まとめとする。 【チャレンジ】 ■日常生活の中でスキルのポイントを意識して，自分自身や友達のよいところに目を向けることができるように，リフレーミングのスキルを使用できるようなアドバイスをする。	○リフレーミングをすることで自分自身の見方が変化したことや，友達のよいところを見つけることができたことを評価する。 ○積極的にスキルを使用できるように，教師側も環境を設定する。

ワークシート

氏名（　　　　　　　　　　　）

リフレーミングのスキル

1　「リフレーミング」とは

> 【リフレーミング】
> 物事を決めたり，枠にはめたりせず，いろいろな見方をすること。肯定的に言い換えをすること。

2　リフレーミングをしてみましょう。

短所だと思うところ	リフレーミング（見方を変えてみよう）
あきっぽい	たくさんのことに興味がある
落ちつきがない	元気いっぱい

3　自分の短所と長所を書いてみましょう。

私の短所は

です。

けれど，見方を変えるとそれは

という長所になります。

4　リフレーミングをしてもらってどんなふうに感じましたか？

2章　これだけは，徹底したいターゲットスキル

ふり返りシート

氏名（　　　　　　　　　　　　　）

1　今回の授業でとりあげたスキルは「リフレーミングのスキル」でした。
　　今日の授業をふり返ってみましょう。

	もう少し　→　できた				
①前回学んだスキルを確認することができた	1	2	3	4	5
②今回の授業の内容について理解できた	1	2	3	4	5
③今回の授業に積極的に参加できた	1	2	3	4	5
④学んだスキルを積極的に生活に取り入れてみようと思う	1	2	3	4	5

2　「リフレーミングのスキル」を学んでみて，自分の気持ちはどのように変化しましたか？
　　また，友達の特徴をリフレーミングしてみて，どのように感じましたか？

3　今回の授業を通して学んだこと，思ったことなどを自由に書いてください。

練習で君もスキル名人！

氏名（　　　　　　　　　　　　）

チャレンジシート

1　自分のこと・友達のこと・家族のことをリフレーミングして伝えてみましょう。
　　短所は本人にたずねてみましょう。

（　　）月（　　　）日から（　　　）月（　　　）日まで

誰のこと？	短所	リフレーミングすると	伝えたかな？
自分			
友達 名前：			
家族 名前：			

2　「リフレーミングのスキル」で，自分自身に対して思ったことや，伝えた時の友達と家族の表情や様子はどうでしたか。

3　「リフレーミングのスキル」を実際に使ってみて，自分のことをどんなふうに思いますか？

2章　これだけは，徹底したいターゲットスキル

スキル19 立ち止まって考えるスキル
気持ちをコントロールできるようになろう

このスキルのテーマ～主題設定の理由～

　日常生活では，親や教師といった大人や友達関係の中で，自他の視点や違い，ルールや慣習の理解，状況を認知することを学習していきます。さらに，状況や相手によってどのような行動が望ましいか，自分を表現する方法として適しているか，といった行動に関する知識も獲得していきます。しかし実際には，思いもよらない行動や発言をしてしまい，困ったり後悔したりすることも少なくありません。例えば，怒りや嫉妬にのみ込まれて友達や他人を攻撃してしまい，実生活やSNS上でトラブルになってしまったり，反対に，うまくできない自分を過度に責めたり傷つけてしまったりすることもあります。

　ここでは，一度立ち止まり，なぜそうなってしまったのか？をふり返ります。そして，「わかっているけれどうまくできない」背景には，「その時，捉えた状況（認知）」や「本当は思っている気持ち（感情）」があることに気づかせ，次はどうなってほしいか，どうしたらよいか，どんな方法ならできそうか？といった，よりよい対処方法について考えていくことをねらいにします。トレーニングを通して自分を客観的にながめることで自分の状態を知り，練習を繰り返すことで，徐々に自分で自分をコントロールできるようになります。スキルとともに，教師が「失敗は成功のもと，落ちついて考えてみよう」というメッセージを伝えることで，前向きな思考を引き出す機会となります。

インストラクションの板書例

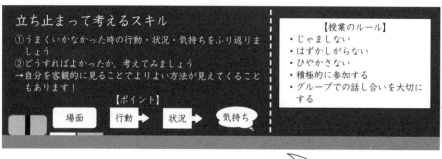

子どもの意見を書いたり，ポイントを貼ったりする板書

ねらい

友達とのかかわり方や学習面などにおいては,「うまくできた・うまくできなかった」といった結果に目が向きがちです。しかし,うまくいかなかった経験の背景には,状況の認知とそれに対する感情があり,それらに基づいて行動が起きています。さらに,行動をした後には,状況の変化や感情の変化があります。トレーニングの中で,自分自身のことを広く見渡すことで,これらのことに気づかせます。さらに,行動の結果ではなくプロセスをふり返ることで,うまくいかない原因に気づくことができ,よりよい対処方法につながるということを学びます。

本スキルの取り扱いポイント

(1) 本スキルの取り扱い

第1の着眼点は,自分がどのような状況でどのような感情をもつのか,状況の認知とその時の感情の存在に気づくことです。子どもの反応から,時には1つの状況で複数の感情を抱くこともあることを伝えることも効果的です。

第2の着眼点は,リハーサルでの活動を通して,「立ち止まって考えるスキル」の一連の枠組みを学習することです。そのためには,モデリングが重要です。教師が普段の生活をよく観察し,子どもにとってより身近な具体例をあげることで,子どもの理解を促します。さらに,リハーサルでの活発な話し合いは,子どもが他者の視点に気づき,新たな対処方法を学習する機会にもなります。

(2) この時間での工夫

教師自身の体験を語るモノローグを有効活用しましょう。教師自身の体験を話すことで,子どもに興味・関心をもたせ,自分自身のことを客観的に見ることについての理解を促します。また,話し手である教師(あるいはTA)の「自己開示」にもつながります。

評価の観点と事後指導

【評価の観点】　立ち止まって考えることについて,理解できたか。
　　　　　　　批判せずに,自他の考えを聞いたり伝えたりすることができたか。
【事後指導】　繰り返しチャレンジすることで,徐々にうまくいく経験が増えたり,自分も他人も大切にできる対処方法が身についたりしていくことを伝える。

指導案

	学習活動・主な発問と予想される子どもの発言	指導上の留意点
導入	1　前回の授業のふり返りと授業のルールの確認を行う。 2　「誰でも、イライラしたり落ち込んだりすることがあります。心配や不安でいっぱいになることもあるかもしれません。そんな時、イライラして人やものにあたったら、前より悪い状況になってしまった、友達とうまくいかなくなった……など、後になって後悔したり落ち込んだりしたことはありませんか？　みなさんのことを教えてください」 ■ワークシート記入後、全体でシェアする。	○練習が大事であることを確認する。 ○教師は、子どもの発言に共感しながら、体験を引き出す。子どもの体験から、様々な感情があり、ネガティブな感情は特別な感情ではなく誰でも感じることだと指摘する。
展開	【モノローグ】 ■立ち止まって考えるスキルについて、教師自身の体験を語る。 〈例〉「私が小学生の時のことなんだけど……」 【インストラクション】 ■立ち止まって考えるスキルについて説明する。 「立ち止まって考えるとは、モヤモヤしたり困ったりした時の状況について、ちょっと立ち止まってふり返ることです。具体的には、その時の行動や状況、どう思ったか（感情）をふり返り、改善策を考えることです。言葉で表現することで、自分のことを客観的に見ることができ、その時々の自分について知ることができます。自分の行動や考え方、感情を知ると、自分のことをコントロールできるようになって、新しい解決策や自分に合った方法が見えてくることもあります」 【モデリング】 ■「どう思いますか？　気づいたことや感想を教えてください」 　場面　：友達と一緒に帰りたかった。けれど、その友達が違う友達と一緒に帰ってしまってできなかった。悲しかったしイライラして……。 　悪い例：すぐに LINE で嫌な言葉を送った（行動）。その後返信がこなくて（状況）とても落ち込んでいる（感情）。 　よい例：でも、家に帰ってどうしたらいいか考えてみた（立ち止まって考える）。次の日、「昨日はちょっとさみしかったな。次は一緒に帰ろう」と勇気を出して言えた（行動）。友達もいいよと言ってくれた（状況）。ホッとした（感情）。 ■「立ち止まって考えたことで、少し冷静になれましたね。その時々で立ち止まることは難しいですが、繰り返し練習することで自分に合ったよりよい方法を見つけることができます」 【リハーサル】＆【仲間からのフィードバック】 ■ワークシート記入後、グループ内でシェアし、全体でシェアする。それぞれの「よかったこと」「気づいたこと」について、感想を伝え合う。	○子どもにとって身近な具体例あげる。 ○困った時に立ち止まらずどんどんパニックになったり、悪い方向に進んだりすることをイメージさせる。 ○子どもの理解を促すために、事前に、「行動・状況・感情」と分けて明記したポイントについての掲示物を作成し、モデリングを行いながら、板書に位置づける。 ○悪い例では、自分にとっても友達にとってもよい結果にはならなかったことをとりあげる。ただし誰でもその時の状況や感情に巻き込まれてしまえばそうなりうることを伝える。 ○立ち止まって考える時に、まずは自分で考えることもよいが、時には先生や親など、周囲の人に相談しながら一緒に考えることもよいと伝える。 ○考えつくようならば、思いつく複数の行動やパターンを書いてもよい。
終末	【教師からのフィードバック】（ふり返りシートの記入） ■記入後、クラス全体でシェアリングする。立ち止まって考えることで、失敗が次へのチャンスになりうることを伝える。 【チャレンジ】（チャレンジシートを配付） ■日常生活の中で意識的に使ってみることを促す。	○積極的な参加をほめる。 ○実際によりよい対処方法へつながっていくまでには、試行錯誤しながら上達していくため、時間がかかる。練習が大切であることを強調する。

ワークシート

氏名（　　　　　　　　　　　）

立ち止まって考えるスキル
「立ち止まって考える」とは？　失敗は成功のもと！

①モヤモヤしたり困ったり，うまくいかなかったりした時の行動・状況・気持ち（感情）をふり返りましょう
②どうすればよかったか，考えてみましょう
→自分のことを客観的に考えることで，新しい解決策や自分に合った方法，よりよい方法が見えてくることもあります！

1　モヤモヤしたり，困ったりした時のことを考えてみましょう。

| どんな時だった？ | あなたはどんな顔だった？ | どんな気持ちだった？ |

2　その時のことを，思い出してみましょう。

その時どうした？	そしてどうなった？	その時の気持ちは？

どうしたらよかったかな……？

今なら，どうする？	そしてどうなりそう？	どんな気持ちになりそう？

2章　これだけは，徹底したいターゲットスキル

ふり返りシート

氏名（　　　　　　　　　　　　　　）

1　グループで話し合った感想や気づいたことを書いてみましょう。

2　今回の授業でとりあげたスキルは「立ち止まって考えるスキル」でした。
　　今日の授業をふり返ってみましょう。

	もう少し　→　できた				
①授業のルールを守ることができた	1	2	3	4	5
②今回の授業の内容についてわかった	1	2	3	4	5
③今回の授業に積極的に参加できた	1	2	3	4	5
④学んだスキルを積極的に生活に取り入れてみようと思う	1	2	3	4	5

3　今回の授業を通して学んだこと，思ったことなどを自由に書いてください。

練習で君もスキル名人！

氏名（　　　　　　　　　　　）

チャレンジシート

1　「立ち止まって考えるスキル」を練習してみましょう。ふだんの生活の中で，うまくできた時と，うまくできなかった時のことをふり返ってみましょう。

◆うまくできた時

どんな時？	その時どうした？ （行動）	そしてどうなった？ （状況）	その時の気持ちは？ （感情）

◆うまくできなかった時

どんな時？	その時どうした？ （行動）	そしてどうなった？ （状況）	その時の気持ちは？ （感情）

2　チャレンジしてみて気づいたこと，感想を書きましょう。

引用・参考文献

- 相川充・猪刈恵美子（2011）『イラスト版子どものソーシャルスキル　友だち関係に勇気と自信がつく42のメソッド』合同出版
- 荒木秀一（2011）『ソーシャルスキル早わかり』小学館
- 國分康孝・小林正幸・相川充（1999）『ソーシャルスキル教育で子どもが変わる　小学校　楽しく身につく学級生活の基礎・基本』図書文化
- 佐藤正二・相川充（2005）『実践！　ソーシャルスキル教育　小学校　対人関係能力を育てる授業の最前線』図書文化
- 沢宮容子（1999）「幼児が遊びに参加する際の言語的スキルの検討」『足利短期大学研究紀要　第19巻』
- 沢宮容子（2000）「幼児が遊びに参加する際の非言語的スキルの検討」『足利短期大学研究紀要　第20巻』
- 芝﨑美和・山崎晃（2016）「児童期の謝罪と罪悪感との関連―違反発覚の有無という視点に基づく児童の予測―」『教育心理学研究』，64，(2)，256-267.
- 杉原保史・宮田智基（2018）『SNSカウンセリング入門　LINEによるいじめ・自殺予防相談の実際』北大路書房
- 住田正樹・髙島秀樹（2018）『変動社会と子どもの発達（改訂版）　教育社会学入門』北樹出版
- 田村綾菜（2009）「児童の謝罪認知に及ぼす加害者の言葉と表情の影響」『教育心理学研究』，57，(1)，13-23.
- 東京都教育委員会（2000）「小・中学校　平成12年度　教育研究員研究報告書　教育課題」
- 中川美和・山崎晃（2004）「対人葛藤場面における幼児の謝罪行動と親密性の関連」『教育心理学研究』，52，(2)，159-169.
- 西野泰代・原田恵理子・若本純子（2018）『情報モラル教育　知っておきたい子どものネットコミュニケーションとトラブル予防』金子書房
- 福島県教育庁学校生活健康課（2010）「不登校対応資料 Vol.3　ストップ・ザ・不登校　手をたずさえて～不登校対策の見直しと改善～」
- 藤枝静暁・相川充（2001）「小学校における学級単位の社会的スキル訓練の効果に関する実験的検討」『教育心理学研究』49，(3)，371-381.
- 藤枝静暁（2011）「夏休みと冬休みにおける児童を対象とした家庭でのソーシャルスキル・トレーニングの実践研究」『カウンセリング研究』44，(4)，313-322.
- 藤枝静暁（2018）「第22講　ソーシャルスキル教育」小林朋子・徳田克己『ここだけは押さえたい学校臨床心理学　改訂版』文化書房博文社

- 文部科学省（2017）「平成28年度『児童生徒の問題行動・不登校等生徒指導上の諸課題に関する調査』結果（速報値）について」
- 横浜市いじめ問題専門委員会（2015）「平成26年度『いじめ解決一斉キャンペーン』の実施結果について〜全児童生徒と全教職員へのアンケートで把握されたいじめや人間関係のトラブルの状況〜」
- 渡辺弥生（2011）『子どもの「10歳の壁」とは何か？　乗りこえるための発達心理学』光文社
- 渡辺弥生・小林朋子（2013）『10代を育てるソーシャルスキル教育　改訂版　感情の理解やコントロールに焦点を当てて』北樹出版
- 渡辺弥生・原田恵理子（2015）『中学生・高校生のためのソーシャルスキル・トレーニング　スマホ時代に必要な人間関係の技術』明治図書

【執筆者紹介】（執筆順）

渡辺　弥生	法政大学	（第1章1・2）
飯田　順子	筑波大学	（第1章3・6）
藤枝　静暁	埼玉学園大学	（第1章4・5　第2章15・16）
谷村　圭介	江東区こども発達センター	（第2章1・14）
川﨑　知已	千葉商科大学	（第2章2・11）
染谷満里奈	埼玉学園大学大学院修士課程	（第2章3・9）
小高佐友里	法政大学大学院博士後期課程	（第2章4・13）
山田　美紀	東京都千代田区立昌平小学校	（第2章5・17）
山田　汐莉	東京都教育相談センター	（第2章6・19）
宮本明日香	やまだこどもクリニック	（第2章7・8）
和気　淑江	埼玉学園大学大学院修士課程	（第2章10・12）
大川真知子	株式会社LITALICO	（第2章18）

【編著者紹介】

渡辺　弥生（わたなべ　やよい）
法政大学文学部心理学科教授。法政大学大学院ライフスキル教育研究所所長。教育学博士。
専攻分野：発達心理学，発達臨床心理学，学校心理学
主な著書：『中学生・高校生のためのソーシャルスキル・トレーニング　スマホ時代に必要な人間関係の技術』（明治図書）
　　　　　『中1ギャップを乗り越える方法　わが子をいじめ・不登校から守る育て方』（宝島社）
　　　　　『子どもの「10歳の壁」とは何か？　乗りこえるための発達心理学』（光文社）

藤枝　静暁（ふじえだ　しずあき）
埼玉学園大学人間学部心理学科教授。博士（心理学，筑波大学）。
専攻分野：教育心理学，発達心理学，保育心理学
編著書：『保育者のたまごのための発達心理学』（北樹出版）
　　　　『保育系学生のための日本語表現トレーニング』（三省堂）

飯田　順子（いいだ　じゅんこ）
筑波大学附属学校教育局・人間系心理学域准教授。博士（心理学）。
専攻分野：学校心理学，スクールカウンセリング
編著書：『よくわかる学校心理学』（ミネルヴァ書房）
監訳書：『世界の学校心理学事典』（明石書店）

小学生のためのソーシャルスキル・トレーニング
スマホ時代に必要な人間関係の技術

2019年3月初版第1刷刊　Ⓒ編著者	渡　辺　弥　生
2023年11月初版第5刷刊	藤　枝　静　暁
	飯　田　順　子
発行者	藤　原　光　政
発行所	明治図書出版株式会社
	http://www.meijitosho.co.jp
	（企画）茅野　現　（校正）嵯峨裕子
	〒114-0023　東京都北区滝野川7-46-1
	振替00160-5-151318　電話03(5907)6701
	ご注文窓口　電話03(5907)6668
＊検印省略	組版所　中　央　美　版

本書の無断コピーは，著作権・出版権にふれます。ご注意ください。
教材部分は，学校の授業過程での使用に限り，複製することができます。

Printed in Japan　　　　　　ISBN978-4-18-223723-2
もれなくクーポンがもらえる！読者アンケートはこちらから
→

大好評発売中！

中高生にソーシャルスキルがみるみる身に付く！

中学生・高校生のための ソーシャルスキル トレーニング

スマホ時代に必要な人間関係の技術

渡辺 弥生・原田恵理子 編著

●B5判・128頁 本体2,200円＋税 図書番号1866

目次

1章 スマホ時代の子どもたちに育てたいソーシャルスキルとは
2章 これだけは，徹底したいターゲットスキル
1 あいさつのスキル
2 自己紹介のスキル
3 コミュニケーションのスキル：話すスキル
4 コミュニケーションのスキル：聴くスキル
5 感情を理解するスキル
6 感情をコントロールするスキル　など

SNSでのトラブルといった事態も昨今は増えてきました。本書では、SNSのコミュニケーションスキルはもちろん、中高生が日々直面するトラブルや葛藤を解決するための力をつけるプランを数多く紹介。全ての事例、指導案＆ワークシート＆振り返りシート付きでお届け。

明治図書 携帯・スマートフォンからは **明治図書ONLINE**へ　書籍の検索、注文ができます。▶▶▶

http://www.meijitosho.co.jp ＊併記4桁の図書番号（英数字）でHP、携帯での検索・注文が簡単に行えます。

〒114-0023　東京都北区滝野川7-46-1　ご注文窓口　TEL 03-5907-6668　FAX 050-3156-2790

＊価格は全て本体価表示です。